夢をつむぐ人々

白鳥正夫
Shiratori Masao

東方出版

よき人と会う

立松　和平

よき人に会うことが、人生の喜びである。

私が白鳥正夫さんにはじめて会ったのは、白鳥さんが朝日新聞金沢支局長時代で、能登半島にある門前町での講演会に呼ばれたのである。障子が三角形だったり鴨居が曲がったりと思える不正確な記憶が残っている。建築家がユニークな設計をした奇妙なホテルに、白鳥さんと同室で泊まった。記憶はその変なホテルのことと、白鳥さんの人なつこい笑顔だけで、ほかのことは完全に忘れている。笑顔を人の心に残すということは、大切な才能ではないだろうか。

それから何年も後に、奈良県立美術館で開催された「西遊記のシルクロード　三蔵法師の道」の会場で偶然、白鳥さんと会った時、あっあの顔だと私は思い出したのだった。偶然にもその会場に行ったのは私のほうだけで、その展覧会は白鳥さんが企画し、白鳥さんが東奔西走して、白鳥さんがつくり上げたのであったのだ。顔を心に焼きつけるのは偉大な才能だなと、改めてその時に思った。

本書は白鳥さんのその才能がいかんなく発揮され、よき人と出会い、お互いに好きになり、いわば惚れあった相思相愛の本なのである。白鳥さんは人と出会う天才なのだ。奈良県立美術館でにこにこ笑っておられた中野美代子さんは、本書にも紹介されているのだが、白鳥さんの前著『夢しごと　三蔵法師を伝えて』でまことに的確な文章を書かれておられる。

もちろん初対面だったが、ガキ大将がそのままオトナになったような白鳥氏の夢と熱意に好感をもった。私もまた、かつてはワルガキだったので、ワルガキどうしの信頼感とでもいったものに、すなおに反応できたのである。紳士ぶったやつ、えらい学者ぶったやつ……には、現役の大学教師のころから、あきあきしていた。

白鳥さんはガキ大将の顔で得をしているのだ。その顔を六十歳近くにもなって保っているのは、大変なことである。たいてい人は年を取ると、純な心をすり減らし、汚れの塵にまみれ、つまらぬ顔になってしまうのだ。心のきれいな人には、人は本心を語るものなのである。本書はよき人たちが語る黄金の言葉で占められている。それぞれの人の章に黄金の言葉はいくつもあるのだが、薬師寺の安田暎胤副住職の言葉を引用させてもらおう。

人生は三十歳までが春。なんでも吸収できる。三十歳から六十歳までが夏。成熟して働き盛りのとき。そして六十歳から九十歳までが秋。人生での実りのとき。ここで収穫を得るために春や夏の手入れがある。文化人や経済人でも七十歳代でいい仕事をしている人が多い。九十歳を過ぎたら冬。「今あるのは世間様や子、孫、天地自然のおかげ。おおきに、おおきに」と、感謝だけしていればいい。

こんな言葉は、どんな黄金よりも勝るのである。人生はよき人と会わなければつまらない。本書はたくさんのよき人と会った白鳥正夫さんからの、私たちへのおすそわけだ。

●目次

装幀◆濱崎実幸

夢をつむぐ人々

はしがき

斯《こ》う居《お》るも　皆がい骨ぞ　夕涼み

これはかの小林一茶の句だ。「夕涼みといって、このように居並んでいるが、所詮はみんながい骨なんだ」と、アイロニーに満ちた内容。駄作、凡作といわれるが、人生を達観した深みが感じられ、私は好きだ。

私自身、人生の大台五十歳を過ぎてからは、楽観的に開き直った。いずれ骨になる身でも何かその足跡や存在感を残しておこうと思い立った。サラリーマン稼業とはいえ、私は新聞記者として、その後は企画マンとして、自分の仕事を通じ、社会に対し、何らかのメッセージを発信できるとの夢を持ち続けてきた。その機会に恵まれ、シルクロードを旅し、三蔵法師・玄奘をテーマにした仕事に取り組むことができた。

これは朝日新聞社が一九九九年に創刊百二十周年を迎え、その記念事業として私の提案した三蔵法師のプロジェクトが採用されたからだ。七世紀に言語や厳しい自然の壁を超え、十七年の歳月をかけて求法に生きた三蔵法師をキーマンに、二十一世紀への指針を多面的に探ろうという趣旨で、仏教伝来にも言及した国際シンポジウムをはじめ、人工衛星からの写真や画像を活用した学術調査や、異文化交流を視野に入れた展覧会などを組み合わせて展開した。そしてその経過を自分史ともからめて、前著『夢しごと　三蔵法師を伝えて』として出版することができた。

しかしこの著は限られたテーマで書いたため、私が仕事を通じて出会った人たちの、すばらしい感動的な生き方などに及ばなかった。新聞記者の多くは、転任に伴い取材対象が変わり、それまで取り組んできた事件や、取材した人を一貫して掘り下げることが難しい。そこで、私の関わってきた仕事を振り返りつつ、知り得た人たちの「夢」を取り上げてみたいとの思いがつのった。それが本書である。

人はそれぞれ多様な才能を持っている。それぞれが各自の人生で自身の才能を開花させるどんな対象と出会うのか。そしてそれを仕事としながら、いかに夢を育み、いかに夢を実らせていくのか。技を究める芸術家や一芸に秀でた人、いま一線で活躍する人……。そんな人たちを軸にして、市井にあってもこつこつ一筋の人生を歩んでおられる姿、遺された作品を手がかりに知り得る人物像に焦点を当て、人間としての魅力をとらえてみたい。それは私自身の夢をもつむぐことになるからだ。

第一章　研鑽し拓く天賦の才能

新藤兼人

生きぬく限り生涯映画人

老人の心にも宿る青春

『うわっ、八十歳』（講談社刊）。こんなタイトルの本が、私の書棚に収まっている。映画監督の新藤兼人さんからサインを入れて贈られてきた著書だ。一九一二年生まれの新藤さんは、当然ながら二〇〇二年には九十歳になる。その年、一本の映画を撮る。ギネス級だと思うが、東北での入植地の家族がテーマだ。これから先、自身の若き日の「青春もの」も撮りたいという。青春は老人の心にも宿るということを、新藤さんの生きざまに見る。

「人は生きているかぎり生きぬきたい」とは、新藤さんの人生哲学だ。〇一年晩夏の午後。東京・赤坂のシナリオ会館。その小さなビルの中の小さな会議室で、淡々と語る映画への情熱を聞いていると、私自身熱くなってくる。新藤さんの微笑に送られビルを去る私の心に、夏の暑さを忘れさせる涼風が流れた。

シナリオ会館にある独立プロの近代映画協会。二〇〇〇年に五十周年を迎えた。「はじめに

乙羽信子さんの遺作になった『午後の遺言状』ロケのひとこま（1994年、蓼科にて）

主義主張があったわけではなかった。ただ自分らしい一本の仕事がしたい、という渇望があって、がむしゃらに駆けだしたまでだった」と、新藤さんは述懐している。志を同じくする五人の同人でスタートして半世紀、『愛妻物語』『裸の島』『人間』『鬼婆』『墨東綺譚』『午後の遺言状』『三文役者』など数々の名作を出してきた。

被爆伝える映画化の波

私がこの近代映画協会をしばしば訪れ始めたのは九三年四月にさかのぼる。『うわっ、八十歳』が出版された年だ。朝日新聞社が九五年の戦後五十年に実施する記念企画に、『ヒロシマ』の映画づくりを立案したからだった。

四五年八月六日の広島原爆投下は、一瞬に三十五万人を被爆させ、大都市を廃墟にした。この惨劇を人類の記憶に留め、「核兵器の廃絶と世界平和」を願う朝日新聞の姿勢を内外に示そうとの願いが発意だ。被爆の実相を再現し、音と映像による追体験を、広く社会に伝える手段として、映画による再現が効果的といえた。

監督候補は広島出身の新藤兼人さんにしぼられた。これまで『原爆の子』（一九五二）『第五福竜丸』（五八）『ドキュメント8・6』（七七）『さくら隊散る』（八八）など次々と原爆をテーマにした映画を発表していた。新藤さんは独立プロによる映画製作の実績で七五年度に朝日賞を受賞していた。私は新藤さんを最適任者と確信し、非公式に打診した。新藤さんは新たな視点でドキュメント・ドラマとして製作することに意欲を示した。

実現するとなれば、編集局はじめ部局を超えた全社的な取り組みが必要だ。テレビと連携したメディアミックスも推進しなければならない。ストーリーは監督の意図を重視するものの、朝日新聞スタッフが総力を挙げて歴史を検証し、映像化しようと考えた。このため社内に呼びかけ自主的な研究会を発足させ、『さくら隊散る』などの劇場用のフィルムを取り寄せ試写会などをした。製作過程での紙面化やテレビでのドラマ化など戦略的な手法も考えられた。あらゆる知恵とパイプを活用しなければならなかった。

戦後五十年の節目に、戦時下、占領下の報道姿勢で苦い体験を踏まえた新聞社として、戦争の愚かさを語り継ぐのは責務と思えた。映像記録はモニュメントとして後世に確実に残るだけに意義深いはずだ。映画は斜陽と言われていたが、劇場で見せるだけでなく、テレビ番組やビデオ化による普及にも期待できた。私は頭いっぱいに『ヒロシマ』の映画づくりへの夢をふくらませた。

一方、新藤監督は朝日新聞社の映画製作に期待し、早々とストーリーのあらましを書き上げた。「太陽はのぼるか」の創作ノートにはこんな実話が書かれていた。建物疎開の作業をしていた妊婦は被爆時、赤ん坊を背負っていた。赤ん坊は母親の背中で無数のガラス片を受け身代わりになった。その母親から生まれた娘は、胎内被爆によって小頭症となり、言語障害を伴い知恵遅れのまま成長していった。母親は「この子を置いて、先に死ねない」と言い続けたが七八年に亡くなった。

近代映画協会の机をはさんで、新藤監督は繰り返し強調した。「原爆投下の日のセットには多額の金がかかるが、地獄と化した町と人の様子を感動的に描きたい」。そして「二十世紀に日本が経験した悲惨な歴史から、人類の明日のことを考えてもらおう」と。かみしめるように語っていたことを思い起こす。

私は寝ていても映画づくりへの夢を見た。エピローグは一般読者から生への希望を伝えるポエムをつのり、泣いて生まれてくる乳児の顔に一行ずつかぶせて見せてはどうか、といった具合だ。新藤監督にも実際に提案した。原爆投下の日にも新しい生命が生まれた。被爆の悲劇の深さを描くと同時に、極限状況の中から立ち上がる生命の尊厳、愛、希望を伝えたいと思った。

展覧会に託す平和の志

映画の意義はさておき、九五年初めに完成しておくとなると時間がなかった。広島をはじめアメリカ、B29の発着地テニアン島などにロケをしなければならず、事前リサーチやフイルム編集を含めると一年がかりになる。完成後には試写会やキャンペーンの期間も必要だ。製作費の予算を確保するため、九三年のできるだけ早い時期に結論を出さねばならなくなった。

そこで肝心の経費を試算してみると、映画製作には宣伝費を加えると三億〜四億円と膨大な資金がかかることが分かった。さらに映画が出来ても、大手の映画会社に配給してもらわなければ、多くの人に見てもらうことができない。私たちにはこうしたノウハウが不足していた。近代映画協会に足を運ぶ度に、私の脳裏に期待と不安が交錯した。

観客数が目標の六十万人を見込めず不振だった場合は、その分当然リスクが大きくなる。そのためテレビなど他の朝日グループに出資を求め、協賛会社を募ることが不可欠だった。配給会社に打診してみると、すでに九五年の方針がほぼ固まっているなど、難題が山積しているのに時間がどんどん経過していった。事業決定は高度な経営判断が必要になったがリスクが大きすぎ、ついに断念する羽目となった。

私たち映画推進スタッフの計画が甘かったが、私は挫折してはいられなかった。新藤監督に映画製作の断念を了解していただくつらい仕事が残されていた。重い足取りで近代映画協会のドアをくぐり「申し訳ありません」とひたすら謝った。監督は理由を問いただすこともなく「残念だったね」とひと言。その寛容さに敬服した。

映画製作が幻に終わった時点で新藤監督との接点は終結するはずだった。ところが短期間ながら集中的に取り組んだ私は、新藤さんの生きざまを知るにつけ深い感銘を受けた。戦後五十年企画の一つに、「ヒロシマ」に関連する美術品を巡回する展覧会「ヒロシマ　二十一世紀へのメッセージ」を開催することになり、その図録に監督の文章を寄せていただくことを思いついたのだった。

展覧会には被爆都市に開館した広島市現代美術館の所蔵作品を中心に出品した。これらの作品は美術においてヒロシマの意味を問い続けることを活動の重要な課題として、八九年に国内外の七十八作家に「ヒロシマ」をテーマに製作委託したものだった。さらに被爆直後の惨状を撮影した写真と、これらの写真をデジタル化した映像、市民が被爆の様子を描いた絵などで構成した。

新藤さんから、映画化はできなかった小頭症の物語を軸にした「霊魂よ眠れ」と題した文章をいただいた。この中で「現代の広島は見事に復興して、原爆の傷痕はどこにも見あたらない。だが、目を閉じれば広島の空よりも巨大な鉛色のさだかでない物体が浮遊しているのだ。作家たちはそれを知っているから、たじろぐのだ。作家たちは、八月六日の広島を見ていない。作家は心でそれを見ている」と分析した。

そして最後に「母親は頭の小さい子を残しては死ねないと言い続けながら、怨みを残して逝ってしまわれた。ピカドンが頭を小さくしたのだ、そのことを忘れてはならない。ピカドンは語りついでいかねばならない」と結んだ。展覧会が熊本、大阪、郡山、そして広島を巡回した。郡山市立美術館では、新藤監督の講演会を催した。会場では立って聞く人も含め約二百人が聞き入った。新藤さんは「デジタル映像は報道写真を使った静止画だが、リアリティがあり、一片の作品になった」と、評価した。

乙羽信子の遺作ヒット

『ヒロシマ』の映画製作が中止になったため、監督はその年に『午後の遺言状』を撮った。

老いがテーマで、杉村春子さんが主役だった。この作品が同志で奥さんの乙羽信子さんの遺作になった。映画は大ヒットとなり、後に舞台でも展開された。

新藤さんとの仕事の関係が続いていたため、監督から『午後の遺言状』のシナリオをいただき、ロケ地の蓼科に誘われたこともあった。その台本の題名には張り紙がしてあり、元は『午後の微笑』だったのだ。

後に分かったことだが、この映画を撮る前から乙羽さんは肝臓がんに侵されていた。新藤さんは、医者からあと一年有余の命で出演は無謀と聞かされていた。しかし四十余年も一つの道を歩んできた同志に「役者らしく、最後の役を演じて去ってもらおう」と、撮影に入ることを決断した。薬を飲み、抗がん剤の注射を打ちながらの収録だったそうだ。病状が悪化する中で、文字通り「遺言状」になったわけだ。

映画が完成し、スタッフらを集めての試写会が東京のイマジカ（現像所）で開かれた。私も招かれたが、そこには乙羽さんの姿を見つけることができなかった。体調が悪く床に伏していたという。この映画は老いを主題にしているだけに、当時、主役の杉村さんが八十八歳で乙羽さんも六十九歳、脇役陣も高齢者ぞろいだ。何しろ監督も八十二歳。作品は避暑に訪れた名女優の人生の黄昏の葛藤を描いていた。

ストーリーには若い男女の恋愛や老夫婦の心中なども盛られている。ゲートボールを楽しむ老人たちを金属バットで襲った脱獄囚の挿話などもあり、ドラマはテンポよく展開する。さすがにベテラン監督の味わいがありすばらしい仕上がりだった。この映画は日本アカデミー賞やブルーリボン賞の最優秀作品賞などに輝いた。

私は、スクリーンの陰で時間と闘った新藤監督と乙羽さんの壮絶なドラマに思いを馳せた。どんな逆境にあっても仕事をやりぬく意志を絶賛すると同時に、『ヒロシマ』の映画づくりが実現していたならばとの無念さも脳裏をかすめた。

この『午後の遺言状』は、乙羽信子追悼公演（朝日新聞社主催）として舞台劇になった。杉村さんも故人になっており、主役は岡田茉莉子さんが演じていた。九七年三月、神戸オリエンタル劇場で催された際には、打ち上げに招かれた。懇談の席で、心から祝福させてもらった。この時いただいたパンフレットの中で、新藤さんは次のように述べていた。「最後のカットを撮りおえたとき、乙羽さんはよろめきながらも微笑した。とうとうやりおえた、という充足感であろうか。役者は、仕事がはじまったら、途中でおりることができない。それが役者なのだ。乙羽さんは死の床で何を思ったろう。わたしたちのおくりものをよろこんでくれたであろうか」。

老いを見つめ人間賛歌

新藤監督との関係は講演依頼で断続的に続いた。映画百年を記念した「朝日シネマの旅」（大阪）では『モロッコ』の上映と合わせ、映画への尽きせぬ思いを語ってもらった。東大寺が毎年開催している記念講演会（東京）にも出演していただいた。

ただ一度、岡山と神戸での連続講演会が新藤さんの体調不良でキャンセルになったことがあった。岡山では朝日カルチャーセンター開講十周年記念で『午後の遺言状』の上映と合わせての催しだった。代役に「乙羽信子どろんこ半世紀」を『週刊朝日』に聞き書きしていた朝日新聞OBの江森陽弘さんにお願いした。五百人はいれる会場は満席だった。江森さんは、乙羽さんと新藤さんとの不倫、忍ぶ愛から二十七年を経て結婚するまでの二人三脚の映画人生などを面白く語り、急場をしのいだ。

こうした講演依頼の窓口になってくれたのが新藤さんと長年苦楽を共にしてきた近代映画協会で宣伝担当の花安静香さんだ。協会五十年史の座談会で「私、(協会に)入ったときに、新藤さんに、君、この世界は泥沼ですけれども、覚悟がありますかって言われた。(観客が入っても入らなくても)一喜一憂しない精神力。次やればいいじゃないかという。そうして離れられずに、今だに泥沼からぬけられない」と。

花安さんは、マスコミとの窓口になりながら、常に感謝の気持ちを忘れない苦労人であった。陽に陰に新藤さんを支えてきた。新藤さんが健康を回復されると、「迷惑をかけました」と、私に丁重な手紙を添え、ウイスキーを贈っていただいた。

私の前著『夢しごと　三蔵法師を伝えて』に、新藤さんから「これからも生あるかぎり、夢を」との推薦文を寄せていただいた。そして〇一年一月、東京の出版パーティーに花安さんを伴い来席された。立ったまま十分もの祝辞をいただいた。私との仕事を通じた接点を鮮明に記憶されており、驚かされた。いかに人生を誠実に生きてこられたかがうかがえた。

『盤獄《ばんがく》の一生』（山中貞雄監督）を見て魅せられた生涯映画人生。近作は五木寛之のベストセラー『大河の一滴』の脚本を担当。そして冒頭の「青春」を撮ろうとしている。はてしない夢の道だ。

私もまもなく六十歳だ。ここに人生の師ともいうべき「大老人」新藤さんの生きざまを如実に表した詩がある。タイトルは、「人間賛歌」（『午後の遺言状』岩波書店・同時代ライブラリー所収）だ。

人は　年をとるごとに
ぜい肉を　切りおとし
アタマは冴えて
つみ重ねてきた知慧はかがやく
年をとることは
意味が　あることなのだ
老人などと　言ってはならぬ
一歩　一歩　ほんとうに
生きてきた人たちなのだ
その勇気をみよう

姜小青《ジャンシャオチン》

日本で咲く中国古箏の華

英才教育受けマスター

風　川　澄みわたり　時を奏でる　山きらめいて人をつつむ
吉野の自然　すべての響が　歴史の深さに増幅されて
天地に響き　人の命と共鳴する

「天・地・響・命」をキャッチフレーズに、奈良・吉野魅惑体験フェスティバルが二〇〇一年六月から八月まで三カ月にわたって展開された。このイベントの総合プロデューサーを委嘱され、テーマ曲を作曲したのが中国古箏の演奏家、姜小青さんだ。「アジアの中の吉野」をイメージしたというメロディーは、日本の琴とは違った音色を響かせ、聞く人の心をいやす。北京市生まれの姜さんが来日して十五年、すでに永住権も得て各地で活躍中だ。日本のミュージシャンたちとも数多く共演しており、「これからは故郷の中国にも、日本のすばらしい音楽を紹介したい」と語る。音楽を通じた日中交流への夢はふくらむ。

中国古筝を演奏する姜小青さん

姜さんは一人娘だ。二胡奏者である母親の影響で、幼少の頃から古箏の英才教育を受けて大事に育てられた。八歳より著名な古箏演奏家たちに師事。中国少年民族楽器独奏コンクールで第一位、金賞を受賞し、才能が認められた。十五歳の時には史上最年少で北京中央音楽大学に入学。中国古箏の五大流派である山東、河南、浙江、潮州、客家の伝統演奏を修得し基盤を築いた。

古箏は二千二百年前の中国の春秋戦国時代に広く流行した歴史のある楽器。古くは十一、十二弦だったが、唐の時代ころ十三弦になり、今では二十一弦か二十五弦がよく使われている。弦は絹糸を使用していたが、現在ではスチールやナイロンが用いられる。音色は澄明で厚みがある。近年はハープ奏法も取り入れられ、独奏はもちろん伴奏や合奏にもよく使われて、中国を代表する民族楽器の一つである。

坂本龍一と共演し学ぶ

姜さんは中国国内での数々の演奏が認められ、八五年に北京市優秀芸術家の称号を得た。翌年には中国政府派遣芸術団の客員として、初めての海外コンサートをアメリカで開催する。こうした交流を通じヒューストン名誉市民の栄誉を受ける。姜さんは、学生のころから英会話学校にも通っていて、アメリカへ行こうと思っていた。

そのころ父は技術者で何度も来日していた。その父から「日本は古い伝統を守りながら新しいものを発展させていると、聞かされていました」と、振り返る。父は日本への留学を薦めたのだった。日本からの旅行者で、姜さんの演奏を聞いた篤志家が身元引き受け人になってくれたこともあって、八六年に日本へ留学した。

来日後、日米会話学院で日本語を学びながら演奏活動を続けた。そんな時に出会ったのが坂本龍一さんだった。坂本さんは映画『ラストエンペラー』のサウンド・トラックを委託されていた。中国での撮影から帰国後、中国楽器の演奏家を探していた。幸運にも見い出されたのが姜さんで、来日直後の大きな転機となった。

坂本さんは、まだ少女の面影を残していた姜さんを「ジャン、ジャン」と呼び可愛がった。日本語が十分に話せない姜さんに、坂本さんは英語をまじえコミュニケーションをとった。姜さんの後日談によると、日本に来たばかりで坂本さんのことを偉い作曲家だとは知らなかった。坂本さんに「こうだと思います」と、言いたいことを話していたという。ところが坂本さんと共演してみてその偉大さが分かったという。シンプルなメロディーなのに、神秘的な響きとなり、頭に焼き付けられる。坂本さんの手によると新鮮なセンスが感じられ、大いに教えられたという。

その後、『ラストエンペラー』は大ヒット。坂本さんの曲はアカデミー賞音楽賞を受賞した。映画では雄大な音楽の中に、可憐な音色で彩りを添えたのが古箏だった。坂本さんの国内公演やアメリカ公演にも同行し、高い評価を得た。八九年には、ユネスコ主催によるコンサート「輝弦（中国古箏の世界）」を開催するほどに羽ばたく。

九〇年からはテレビコマーシャルのサントリー・ウーロン茶の訳詞、演奏をまかされた。『いつでも夢を』や『結婚しようよ』『春一番』『蘇州夜曲』などの歌まで引き受けた。「歌はへたなんで、恥ずかしかったんですが……」と苦笑する。すっかり日本人の耳になじんだウーロン茶の姜さんだが、中国ではジャスミン茶や緑茶を飲んでいて、ウーロン茶は日本に来て初めて飲んだという。当然、今では愛飲しているとか。コマーシャルの仕事では、日本コカコーラ・煌《ファン》や、伊藤園・黄金柱のCMなどでも作詞を担当する。

海外での演奏も相次いだ。九五年十月には、国連創設五十周年の記念「アーバンナイトページェント」に出演。九六年一月、香港の屯門大会堂で政府主催によるリサイタルを開催した。九七年二月にはパリのユネスコ本部で、今度はユネスコ創設五十周年記念「二十一世紀を開く世界のメッセージアート展」に特別賛助出演。九八年からはエイジアンファンタジー・オーケストラの一員として、インド、ベトナム、フィリピンへ一カ月のツアーに参加。九九年九月にはシンガポールのオーケストラとも共演した。

東西の楽器で玄奘の旅

私が姜さんの中国古箏を初めて聞いたのは、九七年のことだ。その年に奈良で開かれたシルクロード国際シンポジウムのアトラクションに、シンセサイザーの東祥高《あずまよしたか》さんと、中国古箏の姜さんとの共演が企画されたからだった。前日にリハーサルがあり、誰も居ない観客席に身を沈めて聞いた。東西の楽器が共鳴しあって、シルクロードにふさわしい雰囲気が醸し出され、どこまでも続く砂漠をさまよう感じで、うっとりと聞き入った。

楽屋裏で紹介された姜さんは、舞台での厳しい表情が消え、気さくな笑顔をたたえていた。すらりとした典型的な中国美人だった。日本語も流暢で、シルクロードの仕事にかかわれたことを素直に喜んでいた。シンポの本番での演奏はわずか二十分しかなかった。古箏の残響は、私を強くとらえた。

当時、私は朝日新聞創刊百二十周年記念事業の主要企画として、三蔵法師・玄奘をテーマにしたシルクロードのプロジェクトに専念していた。仏教経典を求め、十七年かけ三万キロの壮大な旅をした三蔵法師をキーマンに、アジアの世紀といわれる二十一世紀の指針を探ろうとの趣旨で、国際シンポジウムや展覧会企画に取り組んでいた。

そこで思いついたのが、一連の企画のテーマ曲づくりだった。演奏曲目を増やしCDアルバムにできないかと考えた。できれば九九年開催の特別展に間に合わせたい。展覧会で出品物を目で見せることに加えて、ドラマ仕立てにして、耳や感覚でも味わえるようにできないかとのねらいだった。

私の申し出に、東さんは「姜さんとは初共演でしたが、いいフィーリングでした。何とかやってみましょう」と引き受けてくれた。東さんは日本のこころや伝統美を表現できる作曲家として定評があり、ＮＨＫ番組の『国宝の旅』の音楽などを担当しており、内外に知られた存在だった。

九八年十月、全十一曲のCD『煌きの響き（玄奘三蔵ロマン）』が完成した。東さんは「三蔵法師の旅立ちの決意、願い成就への思い、そして苦難の結実などをテーマに着想しました」といい、姜さんも「故国の英雄、三蔵法師の苦難の旅を思い作曲しました」と、共に出来栄えに自信をみせていた。ジャケットには私が学術調査で撮った三蔵法師が山越えした天山山脈の空撮写真が使われた。

奈良や山口の展覧会場では、BGMとして大いに役立った。会場に足を踏み入れるとすぐにシルクロードの世界に引き込まれるように、三蔵法師の旅の始まりを演出した。そして唐の都・長安を出発し、西域から中央アジアを経て、天竺までの道のりを構成した会場で効果的に、シンセサイザーと中国古箏のメロディーを流したのだった。

展覧会の会期中には、山口と東京で姜さんのコンサートを催した。『煌きの響き』に収録されている『玄奘三蔵』や『心の旅』を、シンセサイザーの部分はカラオケカセットを活用して苦心の演奏だった。このほか得意の中国の曲、沖縄の民謡などを披露した。いずれの会場も満席となり、来場者は「古箏の響きは鉄琴のようにも、ハープのようにも聞こえた」と堪能していた。

異分野と交流し新境地

姜さんは、どこの音楽事務所にも所属していない。いくつものプロダクションから誘いがあったが、独立独歩を貫いているのだ。「活動が広がってきたので、不便なことがあります」と、何度も誘惑にかられたそうだが、「多くの支持者ができました。一人で頑張れるまでこのままやってみます」と、強い意志をのぞかせる。

私が二〇〇〇年十二月、前著『夢しごと　三蔵法師を伝えて』の出版パーティーを開いた時には、共通の知人から聞きつけ、姜さんは友情出演してくれた。当日は開会前とアトラクションで十曲も披露。自慢のチャイナドレスも衣装替えしてのサービスぶりだった。これは事務所に入っていないから実現したことだ。

姜さんの活動ぶりはインターネットのホームページに詳しく紹介されている。これも支援者のはからいだ。コンサートの出演は共演者からも声がかかりつながる。ここ数年、沖縄の民謡歌手の古謝《こじゃ》美佐子さんとの舞台が多い。古謝さんとは、坂本さんのプロジェクトに共に参加してからの交流だ。古謝さんは歌以外に作詞や、三線《さんしん》、琉琴、笛、太鼓などの演奏もこなす。姜さんは「音楽を通して感動を与えたいとの思いは一緒だから、異なったジャンルとの接触はとても勉強になります」と話す。

古謝さんのコンサートのゲスト出演で大阪に来た姜さんと食事をともにした。〇一年六月のことだ。「忙しそうで結構だけど、結婚のことは考えていますか」。ジューンブライドを意識しての質問だった。姜さんははにかみながら「お友達はたくさんできたので寂しくないです。今は音楽のことで頭がいっぱいなの」。すぐさま次のコンサートのスケジュールの話になり、すっかりはぐらかされた。

坂本さんは「中国の文化大革命から四人組の長期にわたる大混乱の中で、少女時代からピアノを勉強し、伝統的な箏を学び、しかもこんなに目のまっすぐな少女が中国に存在していたのにはショックを受けた。彼女の存在を通して、広大な中国の懐の深さを教えられた。もとより、彼女の演奏テクニックはずば抜けている。今後、年齢を重ねて、さらに深みを増した演奏を聞かせてほしい」（CDアルバム『風のように』から）と、期待を寄せている。

「自分が録音したずっと以前のCDを聴くと、自分が大人になったような気がします。芸の道は果てしないものです」と率直に語る。「これからも練習を怠らず、演奏では手抜きを絶対にやらない。いただいた仕事をまじめにこなしていれば、可能性が開けてくると信じています」。これが姜さんのモットーだ。

〇一年十月八日、十年前に私の任地であった金沢の知人からの要請で「夢をつむぐシルクロードロマン　講演と古箏の夕べ」が企画され、私と姜さんが出演した。会場は浄土真宗の古刹、金沢市小将町の常福寺だった。その日、アメリカが同時多発テロへの報復でアフガニスタンの空爆を開始した。旅情あふれるシルクロードがロマンどころか、またしても血塗られた歴史を重ねるのだ。

私が前半の講演を受け持ったが、展覧会や学術調査、国際シンポジウムなどを多面的に展開してきた「三蔵法師の道」のプロジェクトについて話をするつもりでいた。しかしシルクロードの十字路といわれるアフガンの情勢や背景などにも言及せざるをえなかった。この四年間に取り組んだ仕事で、アフガンへこそ行けなかったが、隣国のパキスタンやウズベキスタン、タジキスタンなどを訪ね、ソ連の進攻や貧困で避難してきた難民地域も見ていた。当然、講演の内容が暗くなった。

そんな重苦しい空気を拭い去ったのが、姜さんのすばらしい演奏だった。箏のたおやかな音は、忙しすぎる現代人の耳にいやしの響きとなるようだ。『心の旅』『天地響命』『ラストエンペラーのテーマ曲』などに続いて、『花』『島唄』といった日本の曲も演奏した。曲間には軽妙な語りも入り、すっかり姜さんの世界に引き込まれてしまう。その夜の打ち上げには、初めて古箏の響きに接した観客が何人も飛び入りで加わり、姜さんを囲んで余韻にひたった。

姜さんは米国でのテロにショックを受け、心を痛めている。「いとこがニューヨークのテロ事件の時、ビルの中にいて、九死に一生を得たんです。彼は今でも後遺症が大きいんです。いつどこで何が起こるか分からない時代なんですね。ストレスいっぱいの時代だからこそ、人々が失ってしまっている優しい気持ちを取り戻すために、私も音楽でお役に立ちたいと思います」。

夢は語らず着実な歩み

〇一年十月に出た最新のアルバム『悠』は、しなやかで凜《りん》とした強さが表れている。収録曲のほとんどを、日本の女性作曲家、城之内ミサさんが手がけた。二年前に興福寺境内であった音楽イベント「アジアの風」で共演し、姜さんは、アジアの音楽融合をめざす城之内さんと意気投合したという。

この『悠』を手に姜さんは、久しぶりに両親の元へ帰った。彼女にとって一番厳しい聴衆の両親は目を閉じて聞き入った。そして口々に「このようなアルバムを待っていたんだよ」「あなたは成長したわね」と、満足そうな笑顔を浮かべた。異国の地、独りで生活することの厳しさ。しかも芸道の試練は続く。姜さんは来日後の苦労を思い浮かべながら、古箏の独特なサウンドを失うことなく、新しい音楽世界を開けたことを確信した。

姜さんは、こうした日本の音楽家らとのコラボレーションを通じ、多くのことを学び、自分の演奏技術に活かしている。「今こそ芸術、音楽がないと、その国は枯れてしまうと思う。だからこそ人の心に残る音楽を作り、演奏したい」。

これからの夢について聞くと「夢は語らないようにしているの。そのほうがきっとかなうような気がするの」。さりげなく語る姜さんの胸には、着実な歩みに裏付けられた夢が秘められているようだ。

緑川洋一

万物を撮り続けた魔術師

越年して追悼展を開催

白い菊に飾られた祭壇の遺影。緑川洋一さんは、穏やかな表情で今にも語りかけてくるようであった。二〇〇一年十二月十五日、献灯の列が続き、約八百人の参列の下、本葬と、お別れの会が営まれた。会場では、緑川さんの遺影をはさんだ二つのスクリーンに、色鮮やかな数々の代表作が映し出された。瀬戸内海を多重露光でとらえた華麗なメルヘン調の作品で「色彩の魔術師」と呼ばれた緑川さん。本葬の約一カ月前の十一月十四日に永眠した。生前、私が緑川さんと打ち合わせして企画した「光の交響詩　緑川洋一の世界」展（朝日新聞社主催）は二会場を終え、越年して追悼展となった。

私が岡山駅近くにある緑川さんの自宅を訪れたのは、第二章で取り上げる備前の森陶岳さんの窯元を訪ねる途中だった。確か九八年の晩秋だ。それ以前に、東方出版の今東成人社長から、緑川さんが撮った大判のプリントコピーを見せてもらっていた。戦後間もないころの大阪の街並みがモノトーンで活写されていた。「先生に出版できないかと相談されているんです」。法善寺横丁のスナックでそれらを一枚一枚見た。側からのぞき込んでいたママが、「ここに写っとんのはウチの店や。姉さんの代の時よ」「そういえばそうや。店の名前は代わっているが、たたずまいは一緒や」。こんな会話が鮮明に思い出される。

このスナックでの一夜、私の脳裏に展覧会のことがかすめていたのかもしれない。しかし緑川さんとの初対面では、展覧会のことは一切出ず、数百個という時計コレクションを見せてもらいながら趣味談義が弾んだ。撮影旅行の度に数を増した時計は書斎の壁や整理棚にずらりと並ぶ。パリの蚤《のみ》の市や国内の古道具屋などで買い求めた。その時は動かなくても、自分で分解して直す。幼少時、模型飛行機に凝った緑川さんは手先が器用だ。「やがて命が蘇り、時を刻み始めるのが、たまらない魅力だった」。

その後、案内されたアトリエで、私は息を飲んだ。大きな平台の上に並んでいたのが女性ヌード作品のオンパレードなのだ。瀬戸内海を代表とする風景写真家のイメージが強かったためか、緑川さんの意外な一面にふれた思いがした。時は巡って二〇〇〇年三月、シルクロードの仕事に一応のケリをつけた私は、同僚を伴って、展覧会開催への打診をすることになったのだ。

日本各地に自然を求めて撮影する緑川洋一さん

万物を被写体に独自色

すでにこの時、緑川さんは八十歳を超えていた。しかし恰幅がよく、声にも張りがあり、体に不安要因を抱えていたようには思えなかった。「これまで撮ってきた代表作のみならず、大阪懐古など未発表のものも出品していただき、文字通り集大成の展覧会にしたい」との企画趣旨を伝えると、二つ返事で協力を約束していただいた。その一週間後には、初期作品から日本列島、山河、四季をはじめ、パリ、北欧などの外国撮影といった二十七項目に及ぶテーマ資料が送られてきた。

膨大な写真記録からのリストづくりは、私どもだけでは手に負えなかった。かねて写真にかかわる仕事で相談に乗っていただいている、写真評論家の平木収氏に監修を依頼した。平木氏は多摩美術大学のほか、いくつかの大学で講師を兼務するなど多忙を極めていたが、戦後の写真界に大きな足跡を残している「緑川作品のすべて」を見せる好機だと、快く引き受けていただいた。

二〇〇〇年五月、平木氏とともに岡山の緑川さん宅を訪ねた。出品写真の台帳は西大寺にある「緑川洋一写真美術館」にあった。先生自らが運転する車で案内してもらった。九二年に開設された美術館に入ると、壁面いっぱいに引き伸ばした「海のメルヘン」シリーズの三点セットに圧倒された。会場の二百四十枚の写真は万物を被写体にしており、まさに緑川ワールドだ。私はこれらの代表作を目にしながら、「いい展覧会になる」と確信できた。しかし台帳だけでも二千八百枚の写真が収められていた。この中から出品リストを作成するのが至難なことのように思えた。

平木氏は「時系列よりもテーマで」「未発表のものはぜひ加えよう」「会場によって作品構成を変えるのも妙案だ」などと、建設的なアイデアを打ち出した。緑川さんはその間、しきりにお菓子を口にしながら聞いていた。胃を全部摘出していたのだ。「腸を働かせ胃の代わりをさせるためなんですよ」。内臓に疾患を抱えていたとはいえ、記憶力は抜群だ。「あの写真はここ」「この写真はこうして撮った」。私どもがメモを取るのに苦労するほどだった。ざっと六十年、撮って撮って撮り続けた写真家人生に脱帽した。

アマチュアに徹し撮る

緑川さんは一九一五年、岡山県の邑久《おく》町に生まれた。日大歯科医学校（現・歯学部）を卒業し、東京・蒲田の総合病院に勤務した後、岡山市内で歯科医院を開業。平日は患者の治療に専念し、週末には趣味の写真に没頭する日々が続く。写真雑誌などに応募し入選するごとに、医者でありながら趣味で病膏肓《こうこう》となる。カルテの横にメモを置き、診察の合間に撮影構想を練っては書き留めていた。しかし写真の頼まれ仕事をせず、気持ちの赴くまま、好きなものだけ撮る。そんなアマチュアリズムに徹した。

平木氏と訪ねた自宅書斎で、緑川さんは自分の写真家としての歩みをこう語った。「私がずっと歯科医を続けてきたのは、自由に撮るためなんです。写真を本業に据えると、仕事ということで様々な制約を受けたり、注文に応じなければならないでしょう。職業写真家にならなかったのは自分で撮りたい時に、撮りたいためなんですよ」。明快な説明だ。平木氏は、「緑川さんは超弩《ど》級のアマチュア」と評してはばからない。

戦後間もない四七年、林忠彦氏や秋山庄太郎氏らが結成した同人グループ「銀龍社」に植田正治氏らとともに参画する。当時の緑川さんはドキュメンタリー写真を追求するかたわら、精鋭たちに刺激を受け、何でも撮る模索の時代が続いた。当然ながら女性写真も手がけるが、やがて撤退する。「秋山君や大竹省二君らが伸びてきましてね。東京で、いいモデルを使えたこともあって、地方に住む私はかなわないと思いまして」と、緑川さんは笑いながら述懐した。お別れ会で、葬儀委員長の秋山氏は「女性の写真は『庄ちゃんにはかなわない』からと、風景写真に移ったが、とにかく夢のあるきれいな写真を撮る人だった」と告別の辞を述べていたのが印象的だ。

ところが五九年、フォトコンテストの懸賞金でヨーロッパ十一カ国を四カ月かけて歴訪する。この欧州旅行が転機となる。海外の風景が、日本の多様な自然や地形、四季の移ろいを再認識させた。「足元にこんな素晴らしい自然がある。もう一度見つめ直したい」。帰国してからは寸暇を惜しみ、北海道から沖縄まで猛然と日本の原風景を求め旅をした。こうして「国立公園」「幾山河」「皇居」「日本の城」「京都」「山陽道」などのシリーズ写真を撮り、写真集として発表した。

故郷の瀬戸内海は永遠のテーマとなった。島々の間から昇る太陽を眺めながら育った。その幼い感受性が、レンズを通し目覚めたのだった。朝、夕の陽光、季節によって変化する島影、行き交う様々な船、飽きることのない風景だ。生涯を通じ、数え切れないほどの作品を撮った。

〇一年九月十一日、「光の交響詩　緑川洋一」展が岡山・天満屋で開幕した。展示構成は五つのコーナーに分けられた。「模索の時代」では、初期作品から女性・ヌード、備前の裸祭りなどを展示。「瀬戸内讃歌」「海のメルヘン」「山陽道」「花あそび」などのコーナーにも代表作が並べられ、合わせて百五十点が出品された。会場では岡山放送が過去に放映した番組もビデオで紹介され、郷土での一大個展となった。

ところが緑川さんは数カ月前から体調を崩し、入退院を繰り返していた。私は何度も家族の方に、お見舞いに行きたいと伝えたが、ご本人のお許しがでなかった。家族は「弱った体をみてもらいたくなかったのかもしれません」という。ただ展覧会のことはやはり気がかりだったようだ。開幕日の朝、私が平木氏のカルチャー講座に立ち会っている間に、車椅子で会場を訪れたのだった。このため顔を合わせることも、言葉を交わすこともなく、その二カ月後に帰らぬ人となってしまった。

私にとって緑川さんに会えなかったことは痛恨事だったが、二会場目の呉市立美術館の倉橋清方館長が会うことができた。その時、呉会場で展示する被爆した海軍工廠や巨大タンカーの写真を寄贈していただく話が持ち上がったという。緑川さんは呉会場に姿を見せなかったが、関連の三十点の寄贈が実現した。倉橋館長が岡山に出向き、感謝状をお渡しした際、緑川先生が「収まる所に収まった」と言ったそうだ。美術館では「貴重な記録なので大切に保存したい」と話している。

瀬戸の海浜は、複雑に入り組んだ変化のゆえ多様な美しさの源ではあるが、一面複雑な地形は軍事基地としても活用された。東の横須賀と並んで、西の呉がその条件を備えていた。しかし敗戦という終結は、大きな戦争の爪痕をのこした。多くの戦艦や巡洋艦を造船したり、艤装《ぎそう》してきた海軍工廠もその一つ。戦時の敵にとっては標的になり、空襲され瓦礫となってしまった。

緑川さんは美しい瀬戸内の風景を撮り始める前に、こうした被爆を受けた呉の港も見逃さなかった。ドキュメントとして、その現実にレンズを向けた。緑川さんは戦後も呉に足を運んだ。造船産業が復興し、次々と巨大タンカーを建造するが、数多くの現場の厳しさと進水式の喜びの光景もとらえた。これらの写真はまさに歴史の証しとして意味を持つといえよう。

戦争の傷痕にこだわり

緑川さんの社会への目は、くしくも戦時体験によって育まれた。終戦直前、陸軍岡山連隊司令部の報道班員になったことが大きい。各地の戦災を撮影するが、司令部の命令で焼却させられた。しかし戦後、被爆の広島を撮ることが宿命のように思えた。愛用のライカを手に二、三年も通う。鉄骨のへし曲がった原爆ドーム、ケロイドの跡を剥き出しにした少女、河原に置き去りにされた軍靴……。シャッターを押し続けた。

「たった一発の原爆でこんな惨状になる戦争の怖さを、記録しておこうと思った」。これらの写真はだれに見せるためでもなかった。公開に踏み切ったのは、九七年八月。「戦後五十年以上経ち、原爆ドームは世界遺産にもなったので、その惨禍を忘れないために、展示することを決めました」と緑川さん。これを見た広島平和記念資料館主幹の叶真幹さんは「しっかり記録しようという意志が感じられる写真で、訴える力が強い」との談話（九七年八月十九日付『朝日新聞岡山版』）を伝えている。

ルポルタージュとしての写真を撮るか、美しい風景を撮るか。一時迷った時期もあったそうだが、結局後者を選んだ。そして日本を代表する写真家として定着したのは、やはり光り輝く瀬戸内海の作品だ。五〇年代にも傑作を撮っている。満月の夜の鳴門の潮の流れを、岩場に三脚を立てて一時間露出した。流れる潮は雲海のように、岩礁は山のように写っている。同じ手法で夜の釣り船を撮っているが、船の航跡が造形美術のような表現を見せている。

そして欧州旅行から帰国後、再び捕らえられた瀬戸の海。長時間露出に加え、逆光を巧みに活用した。逆光は被写体の輪郭を鮮明にし、形を強調する効果がある。構図は長年、海を見続けてきた緑川さんならではの心象風景を表現したと言えよう。「これらの写真は、目で見たありのままが写っているのではありません。私の心に宿っている少年の日の夢が、このような表現によって、やっと写せた真実なんですよ。私にとって、事実よりも、心の真実の方を大切にしたい」。

こうして生まれたシルエットの島や船、灯台が逆光の中に点在する一連の作品は、写真とはいえ、まるで絵画芸術だ。「色彩の魔術師」とか「光の手品師」と呼ばれる美的感覚は、天性の感性に努力が積み重なって生み出されたものだった。風景写真家では友人で先に他界した林忠彦氏がいる。林さんが「人間性を極めた」写真家なら、緑川さんは「風景性を追求した」といわれるゆえんだ。

この間、六二年に写真集『瀬戸内海』（美術出版社）を発表し、日本写真批評家協会作家賞を、六九年には二科展で「海辺の家」が内閣総理大臣賞を受賞し、世にその力量が認められたのだった。作品はフランス国立図書館はじめイギリスのビクトリア・アルバート美術館、東京都写真美術館、横浜市立美術館、川崎市民ミュージアムなどにも永久保存されている。

一方、ただ写真を撮るだけでなく出版にも意欲的だった。写真集のみならずエッセーも含め約八十冊にのぼる。病床でも写真誌に口述筆記で寄稿するほどだった。後進の指導にも精力的で、八一年から全国写真集団「風の会」を主宰した。美術館を開館してからは、写真教室を開設した。こうした業績が評価され、九九年には日本写真協会賞功労賞を受賞している。生涯を通じ写真とともに生きた人生だった。

「命ある限り写したい」

緑川さんは、柔軟なカメラアイを持っている。八十歳を過ぎて撮影活動がままならないとなると、家にいて孫娘藍ちゃんと遊びながらも、二人の協作で、写真集『花あそび』（東方出版刊）を発表している。自宅の卓上で撮影した花々の美を、藍ちゃんの発した言葉や、詩情あふれる物語で構成しており、新たなメルヘンを形作っている。

緑川さんのカメラ人生を支えたのは家族の理解だった。撮影活動に熱が入っていたころには、時々休診していた。林忠彦氏は「いっそのこと、本日も休診の看板を用意したらいいのでは」とからかっていたという。そんな父の姿を見て育った長男の皓一さんは、「早く父を継いであげたい」と中学時代の作文に書いたそうだ。ＪＲ岡山駅近くで営む歯科医院は三十年前から長男任せだ。

〇二年一月、緑川家を訪れ線香をあげさせていただいた。戒名は「瑞光院秋風彩洋居士」。お別れの会で「父は数多くの作品を残したが、緑川写真の一つでも皆さんの記憶の中に生き続けてもらえば幸いです」と挨拶された皓一さん。「写真のことが頭から離れなかったようです。医師との両立は大変なエネルギーが必要だったことでしょう。私が継いで、いつでも飛び出せるようになり喜んでいました」と、振り返る。

そして、亡くなる前日にも口述で手直しをしていたという絶筆を見せてもらった。二科会五十年記念誌に載せる植田正治さんへの追悼文だった。「『おい、細くてもいいから長生きしよう

て　な』という言葉が最後になった。心からの親友であり、ライバルであった彼が逝ってしまって誠に寂しい」と認《したた》められていた。

私が緑川さんにお会いしたのは晩年の時期だ。「ボクには持ち時間が少なくなったが、今まで培ってきた感覚やテクニックを駆使した新しいテーマのものを写しておきたいね。命あるかぎり写し続けたい」と語っていた緑川さん。「光の交響詩」展は〇二年、追悼の主催あいさつが加わり、倉吉、大阪、奈良、高松の各市を巡回する。一枚一枚の写真に刻まれた緑川さんの生きた歴史の重みを味わってほしいと思う。

三田薫子

川に託し北陸の女を描く

生きることは書くこと

単調で、暗く長い冬。北陸に住む人々は限りなく粘り強くて、こまやかな感性の持ち主だ。そんな風土の金沢の地にあって、小説を書き綴ることを生きがいにしている女性がいる。石川県石川郡美川町に生まれた三田薫子さんは、三十歳過ぎから小説を書き始め四半世紀、これまでに十一冊を上梓した。「エエッ、もうそんなに」と驚く私に、「まだ、これからよ」と、さらりと言ってのけた。「憧れの紫式部に向かって私の夢ロードは続きます」。雪国に耐える北陸の女性は芯が強い。

三田さんの名前がマスコミに注目されたのは、一九八九年度に河川環境管理財団が募集した「我がまち水辺の未来の夢」で、全国四百三十八編の中から建設大臣賞を受賞したからだ。生まれ育った故郷の手取川からアプローチ、三章八千字にのぼる論文は「母胎と川」「暴れ川、その男性的役割」「土木する人は詩人」といった文学的表現が散りばめられている。それもそ

アンサンブル金沢の岩城宏之さんに花束を
贈る三田薫子さん（1996年、金沢にて）

のはずで『女の手取川』（創林社刊）など「川」への思いを託した小説を著していたのだ。

大臣賞の受賞について、当時の朝日新聞記者のインタビューに答え、「基本的には川に何も手を加えないのが一番ですよ」と、本音を語っている。しかし論文では、川辺のオペラ劇場など夢のある話を書いたが、いまでも夕刻、手取川の河口近くにたたずむと劇的な光景に出合えると話す。「辺り一面がひっくり返した紅《くれない》ワインのように染まったかと思うと、横にいる人の顔も見えないくらい真っ暗闇になるのよ。聴こえるのは、日本海と手取川の波音だけ。自然はすばらしい舞台を見せてくれます」。

小説家を自認していた三田さんは、夢のある女性だった。「日本一になるなんて夢だったのだから、副賞の賞金は夢のあることに使おう」と、オーケストラ・アンサンブル金沢にそのまま全額の五十万円を寄贈した。この交響楽団は八八年に、指揮者の岩城宏之さんが率いて結成されている。アンサンブル金沢では彼女の希望を受け入れて、賞金で中堅作曲家に委嘱し交響曲『川』四部作を制作した。そして岩城さん自身が定期演奏会のプログラムに入れたのだった。

二年連続で建設大臣賞

「川」の次は「道」だった。翌九〇年度には建設省などが中心になって募集した「夢ロード21」（審査委員長・堺屋太一）の論文でも見事、最優秀の建設大臣賞を獲得したのだ。二十一世紀に向けての新しい道づくりの方向を探ろうといった企画だった。「ロード浪漫サクセスストーリー　銀の花びらが舞う二十一世紀道路」と題した三田さんの応募作のプロローグは、次のような書き出しだった。

「その昔、シルクロードは、アジアとヨーロッパを結ぶ、東西交通の大動脈だった。しかし不毛の地をゆく人々や駱駝にとって想像を絶する苛酷な道中であったにちがいない。（中略）現代のように通信網や道路網がより円滑に自在になると人々の行動半径が広がり、ライフスタイルにも大きな変化が生じてこよう。定型のセオリーで進めるだけの単なる道であってはならない。現代の先端技術でいかに改造、進化させていくか、世紀末の私たちの課題であろう」

そして自分の住む金沢をモデルに、四季の草花に満ちた道や和風ロード、下町横丁、芸術家が装飾した道路もあれば二階建ての動く歩道や海底道路など、ハードだけではなく、ハートの感じられる潤いや安らぎのある夢ロードを十六通りも提言した。二年連続の快挙で、三田さんは一躍、時の人になった。小説家としてだけではなく、講師として講演会やシンポジウム、座談会に引っ張り出された。

九一年に朝日新聞金沢支局長に転任した私は、翌年の石川版の年間テーマに「都市化の進む金沢の景観問題」を取り上げた。京都や奈良、鎌倉と並ぶ加賀百万石の城下町は兼六園はじめ、町中に用水路が流れ、長い土塀や黒い瓦の町並みが残る歴史都市。しかしホテルやマンションなどの高層ビルが建ち、派手な広告やネオンが目立ち様変わりし始めていた。

「かなざわ風景」のテーマで、元旦の紙面では伝統と調和を求めて座談会を開いた。当時の肩書で北陸経済調査会理事長の八田恒平氏、建築家の櫛田清氏に加えて三田さんに出席してもらった。司会は私が担当した。

「どんな風景に金沢らしさを感じますか」の問いかけに、「裏小路を歩いていると、用水がせせらいで干しカレイを焼くにおいがしたり、茶屋町からは鼓の音、浅野川からは水音が響き、こぼれているところです」。作家らしい表現だった。そして高層ビルの建築にはユニークな発言も。「金沢の精神的風景は暗い。展望を図る意味では肯定できます。また道路が狭い町なのでハーフミラービルも周囲の緑を映し取って奥行きをつくっている効果があります」。

森山啓を師に文学の道

三田さんが生まれた美川町は、白山を源に雪解け水が流れる手取川の河口近くにあり、日本海を望む。古風な母は、幼少時から家庭教師をつけ、ピアノ、バレーに日舞、書と絵に珠算などの習い事をさせ英才教育をしたものの、ある日、娘の日記に「革命」の二文字を見つけて驚き、金沢市の女子高に行かせた。大学には進ませず、二十歳になるや、母自ら選んだ男性との結婚となった。

こうした風土と家庭環境がその後の文筆活動にも大きな影響を及ぼしたと言える。「初恋も経験せず青春の思い出もなく育った」といい、中学時代から論文調の日記を書き飛ばすことを日課としていた。自由を奪った母への反発もあったのかもしれない。文章への燃えるような激情は、子育てが一段落するや文学同人誌『渤海』や文芸誌『文芸集団』、商業誌のルポルタージュ、新聞掲載などに向けられた。

小説家をめざす三田さんにとって、忘れられない恩師は北陸の地で創作を続けた森山啓氏（一九〇四―九一）だ。「貧者の愛」「出かせぎ」「野菊の露」など無名の人々のなかの美しいもの、信ずべきものをとらえつづけた作家だった。清貧の森山文学に魅せられた三田さんは三十三歳の時に師事する。「あなたはきっと都会的に洗練されたものを書けるようになりますよ」との、森山氏の言葉が、何よりの励ましとなった。

そんな三田さんに大きなチャンスがめぐってきた。日本海が白波をけたてて躍る港町に生まれ逆境に生きる女性が、料理宿を舞台に繰り広げる人間模様を描いた作品が一九八二年から翌年にかけ『北陸中日新聞』朝刊に連載された。これが『女の手取川』として刊行されるや、一家の歴史となる大河小説『緋は紅よりも』『冬化粧』(いずれも創林社刊)の三部作として次々と発刊していく。師の森山氏も絶賛する出来栄えだった。

尊敬する森山氏が八八年に交通事故に遭い、三年余の闘病の果て九一年七月、八十七歳で不帰の人になった。入院先へ毎日見舞い、三田さんは事故で右手が動かなくなった師の代筆をした。また髪をとかし髭を剃ってあげたり、爪を切ったり、病布団を干したりなどの世話をしたという。そして森山氏への思慕と、かけがえのない師を失った無念さを綴った弔辞の文章を、『朝日新聞』に寄せてきた。「別離の日、柩の中のお顔は、もはや天上の人のように清々しかった。式での能管の澄んだ音色は、清冽に生きた先生の生涯を表すひびきとなって耳に刻まれた。森山啓は私の心の中でより鮮やかに生きる存在となった」。こんな弔辞を胸に、ひたすら文学の道を歩むことになった。

子育て終え広がる着想

子育てをきっちりこなしてきたという三田さんが、一度わがままを通して八カ月間、憧れの横浜で一人暮らしをした。長男が大学を卒業する際に、引っ越しの手伝いに訪れたのがきっかけだった。夫君が単身赴任をしていたこともあって、そのままトランク一つでアパートに暮らし始めた。防犯もあって外出時には男装し、夏でも部屋を閉め切り、レオタード姿で小説を書き続けた。

書くことが生活のすべてになり、六作品もの草稿を起こせたという。しげく港に足を運んで、水平線の彼方を眺めては想を練り、独自の世界を広げていった。この時、書き上げた一つの作品は、二〇四四年の横浜港の水上に浮かんだ白亜の人工島が舞台。百歳にして美しさを保つ主人公が中国の美青年と織り成すファンタジーで、従来の作風とは違った。この小説が九三年十一月から一年三カ月、『建設工業新聞』に連載され、九六年には『海上回遊都市』（菁柿社刊）として出版された。

『海上回遊都市』は大人の童話ともいえた。三田さんは実に表現力の豊かな人だ。文献や資料に囲まれて書いているわけではない。鼈甲《べっこう》の櫛やかんざし、使い古された帯、朱塗りの家具……といった身近な品々からも空想の翼を広げるのだ。

私が金沢在任中に、日本海の夕陽の写真コンテストが創設された。これは石川県・門前町の要請で始めたが、千三百件を超す応募の中に地元の夕陽名所も多数あった。町では観光PR用にと絵葉書集を作ることになった。私はそのケース裏に、三田さんに作詩をと提案したのだった。

三田さんはイメージをふくらませたいと、現地訪問を希望した。ところが予定した日は朝からの雨。迎えに来た町職員の日程変更の声もあったが、なぜか確信をもって「きっと夕陽が見えます」。その言葉どおり、夕陽を望むことができた。そして土地の特性を散りばめた詩を一気に書き上げたのだった。

ひそやかに　君を夕陽コンサートに連れ出そう
その前に　海のカテドラルを祝福の赤ワインで満たしたいね
悲恋伝説を物語る　泣き砂海岸　琴ケ浜
寄せ返すささやき　はじかむ雪割草
君が背に　外浦の青嵐を感じているように
僕は——　ただ黙って背を丸め　君の光彩を迎えているよ
うるし色の午後　漆色のたそがれ……
ほら　夕陽コンサートの開幕だ
星と月　未来と歴史の迷路へ
時をゆらす夢のテンペラ
夏の記憶を炎と変えながら
共にまわる時空のかなた
踊ろう　紅葉に沸騰する　この海の庭で

描くことがカタルシス

私は九三年に金沢を離任することになるが、新たな作品の原稿を渡されていた。絵葉書集の作詩へのお返しに推薦の帯文を書くことを約束していたからだ。『黄昏川』（能登印刷出版部刊）は、やはり「川」に作者の生きざまを投影した作品だった。読むほどにぐいぐい引き込む文章力に裏打ちされていた。私は次のような一文を寄せた。

母に抑圧された幼い日への反動が家庭内暴力を生む。主人公・冬二の不幸は、母の隠された性によって運命づけられた。母に向けられた憎しみは、叔母へのほのかな恋によって清められる。人間の業を包み込む黄昏川を舞台に、物語は展開する。

北陸の風土に耐えて生き抜く女の生と性を活写した三部作で、森山啓氏を絶賛させた著者が久々に発表した意欲作。生涯を川にかかわって文章を描きたいという作者の情念が伝わってくる。子に与える母の重みを非凡な表現力で問いかける本書は読む者の心をとらえるであろう。

私の手元に日付ははっきりしないがこんな手紙が残されている。

「この何年間か、ただただ母なるものに翻弄されつづけました。水辺だ川辺だと、一つのものに固執していた私の考え方は偏狭もいいところ。（中略）今や地球規模で環境問題が深刻になってまいりました。食料戦争、陣地争い、資源の奪い合い、宗教戦争……。一日も早く私たちは自然と対座して、人類全体の問題として受け止め、地球への代償を払わなければならなくなってきていると存じます」

三田さんはこの近年、講演や寄稿で得た収入を使って海外へ旅立っている。気の向くままドイツ、スペイン、中国、ロシア、エジプトなどへ赴いた。こうした好奇心が小説を書く原動力になっている。二人の子息たちもそれぞれに成長し、夫君は「まったく異邦人、エイリアンの世界ですが、果たして才能なるものがあるのか」と、手厳しい。

二〇〇〇年春に発表した『加賀平野』（北国新聞社刊）の解説でエッセイストの京月香文さんはこう記している。「薫子がやがて宇宙にでも飛びださんばかりの勢いで、海外・国内を飛びまわり、多忙にしているのも、また物事を行うのに妥協することなく、自分が納得するまで徹底的に追求しやりこなしているのも、やはり血なのでしょう」。

「雪こそ紅の散華」という三田さんは、北陸の風土にしっかり足を踏ん張りながらも、自立する女性の生き方を問い続けている。「私にとって描くことがカタルシス（浄化）」と言い切る。書き続けることが存在感なのだろうが、その領域は確実に広がっている。

〇一年秋、金沢のホテルの喫茶店。私は三田さんから、ワープロで打たれた綴じ込みを渡された。『女恋坂』と題された新しい小説だった。「読んでみて下さらない。できれば書評をお寄せ下さい」との注文を添えて。

「恋」の自由――、それは時として、
恋人からも　恋心からさえも
自由な存在であるということ

こんな巻頭の言葉が書かれているが、単なる恋愛小説ではなかった。現代社会への問題提起が書き込まれていた。

第二章　あくなき造形への挑戦

森陶岳

古備前超える作陶への道

前人未踏の大窯へ挑む

備前焼の里は、岡山と兵庫県の赤穂を結ぶJR赤穂線の伊部《いんべ》を中心に広く散在している。小高い山裾に数多くの窯元があり、備前焼一千年、煙の絶えない町である。その一角、牛窓町長浜の寒風《さぶかぜ》丘陵に森陶岳さんの窯元があった。そこには全長九十メートルの巨大な登り窯の上屋がそびえていた。森さんの十年を超えるプロジェクトで、完成すればもちろん古今東西最大だ。下地づくり、測量も終え、二〇〇一年盛夏、窯づくりに着手した。「陶芸人生のすべてをかけた挑戦です」。森さんは、静かな口調ながら並々ならぬ闘志をみなぎらせていた。

私が森さんに初めて会ったのは一九九七年十月。当時、朝日新聞備前通信局の浅野稔記者から「すごい陶芸家がいる。ぜひ会いに来てほしい」と認《したた》めた手紙が繰り返し届いた。伊部の隣接地に邑久《おく》があり、竹下夢二の生家がある。不遜なことに夢二にも魅せられ、寒風訪問となった。

ろくろを使わないヒモ作りの森陶岳さん（2001年、
岡山県牛窓のアトリエで、豊池勇さん撮影）

森さんについてはそれまで新聞や書籍で顔は知っていたものの、百七十四センチ、八十二キロの大男の上、見事に頭を丸めた風貌にはただならぬものを感じた。案内されたアトリエには、手造りしたという一メートル以上の大きな甕《かめ》が十数点も居並び驚かされた。森さんは、宙を見ながら、土づくりのこと、ろくろを使わない成形のこと、これまでの試行錯誤のことなどをぽつぽつと語った。

信念に満ちたその口調に人を引き寄せるものがあった。その後、徳利や鉢や壷、水指など多様な造形を見るにいたって、陶芸のことに無知な私だったが、この重厚な人と作品を多くの人に知ってもらいたいと、展覧会企画に取り組むことを決意した。古備前と呼ばれるやきものに存在する美の復活をめざす挑戦精神と、並々ならぬ情熱に心を打たれたからだ。

自分に満足しない鬼才

備前焼は、古代の須恵器に源流を持ち、中世六古窯の一つで、釉薬《ゆうやく》を使わずに千二百度もの高温で焼き締めていく様式を貫いているのが大きな特徴だ。平安末期から鎌倉初期にかけて、この素朴な味わいが茶人の好むところとなり、発展した。やがて大窯が築かれ数々の名品が生み出され、室町末期から桃山、江戸初期にかけ繁栄した。その後は、昭和初期まで低迷期が続くことになる。

黄金の桃山陶への回帰をめざしたのが金重陶陽だ。そして人間国宝となる藤原啓とその息子の藤原雄、山本陶秀らを輩出し、再び隆盛期を迎えた。イサム・ノグチや川喜田半泥子、加藤唐九郎が備前を訪れ作陶し、北大路魯山人をして「備前焼こそ料理を最高に生かすやきもの」といわしめた。

しかしその手段において、もっとも大がかりで、ひたむきだったのが森さんだった。「桃山時代に作られ、何百年もたったものが、今もなお感動を与える。その源泉は何なのか」を問い続けることになったわけだ。それがだれもが試みなかった大窯による作陶の道だった。

森さんは三七年、室町時代から続く由緒ある備前焼窯元の家に生まれた。岡山大学教育学部特設美術科を卒業後、いったんは中学の美術教師になるが、「やはり窯を焚《た》いてみたい」との思いが日増しに強まった。三年目に教職をやめ家に戻る。「代々続いた窯元であり、物心ついたころから土や窯になじんでいた。転身したのはやはり運命的だったのかもしれない」。二十五歳で作陶生活に入ったのだが、森さんは当時を振り返った。

無口でひたむきな人柄で、ストイックな姿勢は地道なやきものづくりに向いていた。川砂をまぜたり、象眼技法を採り入れたりして、独自の造形を生み出した。私は制作現場をのぞいて首をかしげた。陶器づくりに欠かせないろくろがないのだ。人が何人も入れる大きな甕から小さなぐいのみにいたるまで、すべて手によるヒモ作り。粘土をドーナツ状に積み上げていく手間のかかる方法だった。

こうした地道な創作活動が着実に実を結んでいった。六三年、第十回日本伝統工芸展で「備前大窯」が初入選した。日本陶磁協会賞を受賞したのは三十二歳のとき。加守田章二、江崎一生らとの陶芸三人展による意欲的な作品の発表を続けた。次第に陶芸界に頭角を現し、「備前に奇才あり」と言われるようになった。作品は相次いで国立美術館に買い上げられ、展覧会への招待出品も相次いだ。

しかし作れば作るほど、森さんは自分の作品に満足できなくなった。「四百年も前に作られた古備前の存在感や、秘められたエネルギーをどうすれば現代によみがえらせることができるのか……」。森さんは室町、桃山時代の古備前と比べて、自分の作品が焼き締めの点で見劣りすると悩んだのだった。

その答えは、昔と同じような土づくり、成形、そして何より大窯で焚くしかない、という結論だった。昔の窯の姿を求め、備前市の古窯跡発掘調査に加わり、その仕組みの解明に努めた。ほぼ十七度の山の斜面を活用した半地下式の五十メートル級の巨大窯であったことが分かった。窯跡に残っていた破片から、水をため穀物を蓄えるために作られた大甕や、すり鉢、壷などの日用雑器などが作られていたことが判明した。さらに文献なども調べ古備前の輪郭を描いたのだった。

挫折繰り返し新しい美

八〇年、兵庫県相生市に築いた全長四十六メートルの大窯で初の窯焚きをした。ここでは土づくりから成形方法、窯詰め、窯焚き、焼成時間など一つ一つの工程をテストする実験炉ともいえた。とはいえ大窯での結果は思わしくなかった。小さな作品の中に、今後の指針となる収穫があったという。

八五年以降は、備前須恵器の発祥の地、牛窓町寒風に室町様式で、半地下直炎式の全長五十三メートルの大窯を築き、ほぼ四年おきに焼成を繰り返した。通算四回目の窯たきとなった九九年は、この大窯での最後の仕事だった。火入れの神事には私も出席し、玉串を捧げる機会に恵まれた。その後、二十四時間三交替で延べ六百人が六十四日間にわたって、薪を投げ込む炎との闘いを繰り広げた。

備前焼の土は耐火度が弱く、急激な温度変化を受けると破損しやすいため、窯焼きには、念入りに時間をかけ、少しずつ薪を増やしながら温度を上げていく技法を採る。無釉、高温、長時間の焼成といった特徴から窯変《ようへん》が生まれる。森さんのいう「神秘なる技」なのだ。

ゴマをまぶしたような斑点状のものを「胡麻」、火の勢いが強く、灰が溶けて流れ玉のように垂れたものを「玉だれ」、炎が直接に当たらないようにして、土が白く残り牡丹餅のようになったものを「牡丹餅」などといい、格別な味わいを見せる。どれ一つとして同じものはない。備前の陶工たちは、施釉や絵付けをせずこの窯の中の偶然ともいうべき変化の妙である窯変に目を向けた。

九九年の窯出しの日、森さんは自信があったものの、直に目に触れるまでは不安もよぎった。一点、一点窯出しする森さんの顔は神妙そのものだった。深みのある絶妙の窯変に「予想を超える色合いだ」とつぶやき、めったに笑わない顔がほころんだ。これはうれしい満足のいく結果だったのだ。

四石（約七百二十リットル）の大甕は、窯の中で大量の灰をかぶり、それが溶けてまるで釉薬をかけたような「胡麻」がくっきり浮き出ていた。そして一部は流れ出して見事な「玉だれ」をみせていた。鉄分の多い土を表面に塗り込んで焼かれた花入れや徳利は全体に黒っぽく焼き上がり、その上に青白い灰釉が転々とふりかかっていた。

注目の新作展に五万人

私が企画した展覧会「古備前を超えて　森陶岳展」（朝日新聞社主催）には、大窯で焼かれた新作十七点はじめ、初期から約四十年間の代表作百一点が紹介された。展覧会は九九年九月、東京を皮切りに、二〇〇〇年四月まで約七カ月にわたって大阪、京都、広島、奈良を巡回。五会場合わせて五万人を超す観客を集めた。

展覧会のタイトルは、金沢美術工芸大学学長であり、陶芸に造詣の深い乾由明さんが名付けた。乾さんは同展の監修者であり、森さんの作品を三十年も前から見ており、展覧会開催にあたって、大窯のある牛窓にも何度か足を運んでいた。九九年五月、五十三メートルの大窯から窯出しされた存在感のある作品にふれ、感嘆した。「古備前を超えて、まったく新しい美の世界を示している」との確信から、この名を提案したのだった。

備前焼には、土味を最大限に生かしてなお多彩な色合いを造り出す、やきものの原点というべき魅力がある。「無表情にひそむ表情」「無味の裏の味わい」「無感動に秘める感動」といった日本固有の美意識を色濃く反映しながらも、見て触れて飽きさせることがない。歳月にもまれた陶工の技と、土の織り成す自然の妙が溶け合い、古さと新しさがぎりぎりのところでせめぎあっている。

備前焼の伝統にとらわれない自由な発想が森さん作品の真骨頂だ。九六年には東大寺長老の清水公照師が窯を訪ね、森さんの作品に心を動かされた。高さ一メートル二十センチの大甕に山の文様と文字を描き入れた。体調が良くなかったこともあって、二日がかりで気力を振り絞って鉄筆を握っていたという。その大甕は公照師が亡くなった九九年に窯出しされた。いまは公照師の故郷である姫路市の書写の里・美術工芸館に寄贈され、常設展示されている。

「伝統の中に新たな創造を試みている」と、海外からも高い評価を受けた。九八年にはパリのフランス国立陶磁器美術館で開かれた「備前焼　千年の伝統美展」に出品。また同年、米ニューヨークにあるメトロポリタン美術館に「多面壷」が収蔵された。

森さんの歩みは、必ずしも順風満帆ではなかった。八〇年の相生窯では、火を止めて三十日、苦心の作品が整然と並んでいるはずが、大甕のほとんどが割れていた。火を止めてからの冷め割れで、冷ます期間が短すぎたのが失敗の原因だった。

寒風に移ってからも、失敗が続いた。八六年には冷ます期間を二カ月に増やしたものの、一部を残し冷め割れが生じた。それでも諦めることなく大窯での試行錯誤。九〇年にも三度目の失敗。借金も積もり挫折感を強くした。しかし「何としてもやらせていただきたい。陶土は自分の天職」の気概で立ち直った。

「冷ます期間だけでなく、窯の構造上の問題もあった」。森さんは熟慮の末、こう結論づけた。半地下構造の窯は外気と窯の中に温度差ができやすい。そこで今度は火を止めた後に戸口の前にビニールシートの部屋で熱風を起こし、窯の中へその熱風を送り込む対策を講じた。窯の温度が早く冷め、その後は空気を送り循環を促す手法を採った。こうして冷め割れを克服したのだった。

好きな言葉「一以貫之」

森さんは、「自燈明」を座右の銘にしている。釈迦の入滅のとき、弟子が「これから私たちは何をより所にしたらよいのか」と聞いたのに対し、釈迦は「自燈明、法燈明」(自らをより所にせよ、法をより所にせよ)と答えた故事に由来する。森さんは、私がインドに行った話をすると「ぜひ行ってみたい所だ。私の作陶に刺激が与えられそうだ」という。精神的な新境地を求めたいからだろうか。

森さんには、相生窯時代に二人、寒風に移ってからも三人が弟子入りした。師は饒舌でないだけに学ぶのが大変だ。短い言葉の中にヒントを探り、その技を読み取っていかねばならない。脱サラで入門した弟子もいたが、それぞれ窯を築き独立していった。指導の方針は「自燈明」の精神からだろう。

いまは息子二人も作陶の道へ。長男はガラス工芸を研鑽してからの転身だ。二人は二十メートルの窯で何度か焼成した。しかし一度ならず二度も作品のすべてが割れていた。森さんは事前に予知していたが、見守っていた。息子らは暑いときクーラー、寒いときはストーブのある部屋で作っていたのだ。そういう作り方をすると、備前の土は窯に入れる前に目に見えない亀裂が入るという。

また森さんは、最近「一以貫之」という言葉をよく使う。かつて古い備前焼に出会った感動から、様々な試みをしてきた自分の道を信じ、これから先も、この道を信じ作陶を続けていくという覚悟の言葉と受け取れる。めざすものは、古備前を超えるどころか、土と炎のなせる陶芸の神秘的な新しい世界を切り拓くことではないか、と思われる。

〇八年には全長九十メートル、幅六メートルにおよぶ巨大登り窯に火入れをする。すでに上屋が完成しているが、これから三年かけて築炉、並行して作品を作らねばならない。火入れには延べ九百人を動員し、窯焚きに三カ月、十トントラックで四百台分の薪を使うという。その窯の中には大小合わせ数千の作品が入る。森さんならではの雄大なスケールだ。

手探りから学んできた蓄積をもとに一歩一歩、古備前の世界を切り拓いてきた陶芸人生。「まったく八方ふさがりで行き詰まっていたときに、ひらめいていたことが的中しました。これは神のお導きとしか思えない」。知恵と情熱と先人から受け継いだ細胞の記憶から、本来の古備前の輝きを確信できるまで挑むという。森さんはどこまでも信念の人だ。

乾学長は二〇〇〇年の展覧会終了後、「真の芸術家には魔物がすみついている。心の奥底に狂気を持っているものだ。森さんはそういう一人だ」と印象を語った。前人未踏の巨大窯は、極限との闘いであろう。乾さんの言う通り、魔物がすみついているのではと思える。その限りない仕事への挑戦精神は並大抵ではない。

森さんは見かけや形の美しさにとらわれず、やきものの本質に迫ろうとする自己革新を続ける。私は、展覧会終了後も何度か寒風を訪ねている。二十一世紀の世界に通用する古備前の真の姿を求める森さんの果てしない挑戦を見続けたいからだ。

角偉三郎

職人にこだわる漆の至芸

五つの朱点結ぶ線が銘

角偉三郎さんの作品には、銘がない。五つの朱点が配され、それを線で結んでいる。一見、星座のような形だ。星の一つ一つにはこんな意味が込められている。まず材料があって次に道具。そして作り手と使い手。最後の一つは自然と調和したいという思いだ。これが「角偉三郎の五つ星」。この星が結ばれてこそ作品が生きるのだという。角さんにとって仕事への信念であり、祈りともいえる。飾り物としての漆でなく、「使われてこそ具」との職人の気概が、角さんの真骨頂なのだ。

二〇〇一年秋、角さんを訪ねた。アトリエは能登半島の北端に近い石川県・門前町の山の中、通称「まんだら村」にあった。外見はどこにもある木造の民家風だが、戸を開けると広い土間があった。一階は書斎とリビング、ダイニングなどにあてられていた。ブラジルで買い求めたという大きなタンスや整理棚が据え付けられてあった。いずれも日本では規格外の大きさで、その道具に合わせ入れ物の建屋の設計をしたという。ここにも角さんの思想が見てとれる。

アトリエは二階にあった。制作中の椀や盆、器などが所狭しと置かれていた。輪島の海に面した所にもアトリエがあり、海の方で下地を作って、山で仕上げをするという。作業場は広く、ミュンヘンで買ったアフリカの壷や器が数多く置かれていた。そしてポツンとプレーヤーがあ

自作について語る角偉三郎さん（2001年、石川県門前町のアトリエで）

り、クラシックCDを一杯積み上げてあった。角さんは他の作品や音楽に囲まれて仕事をするのが好きなのだ。

再び一階のリビングへ。角さんの新しい作品、ヘギ板のテーブルでお茶をいただいた。このヘギ板はアスナロの木なのだが、もともと曲がっていて、ほとんど無用なのだ。角さんはある日ふと、この素材に目をつけた。輪島塗の生産ラインになじまないこの板で皿を作った。そして何枚か寄せ木して卓のような平面的なオブジェにした。それに漆を浸した麻布をたたきつけ上塗りを施した。ヘギ板は節や木目も鮮やかに新しい命を吹き込まれたのだ。

ヘギ板使い新たな表現

二〇〇〇年十一月～十二月、名古屋の中京大学アートギャラリーで、角さんと等身大の高さのヘギ板が十一枚林立して展示された。「黙森」と題された作品は、木があるべき姿で立っていたように、そして見るものの視線に挑戦するような存在感を示した。角さんはその展覧会用のパンフレットに次のような一文を寄せている。

ヘギ板皿は年々大きさが広がっていった。

はじまりは私の手のひらに乗ったほどだった。しかし今、工房で目の前にしているのはヘギのかたまりである。重さも大きさも私を越える。それだけではない。私を奪うのである。私が消えそうにさえ思えてしまう。

林立したとき、私は私を見失うかもしれない。こんなにも黙して私たちを見るのかと。

このヘギ板「黙森」は〇一年六月、石川県と富山県の県境近くの山村で開催された「野積SIO―2001」なる展覧会にも出品された。廃屋となった民家の土間に調和した。そんな作品も寝かすと、ひと味違ったテーブルとして使え、生活の道具となる。角さんは一貫して鑑賞だけの美術作品を制作する意思はないのだ。

漆器は英語で「ジャパン」と訳されているほど日本的な伝統産業だ。その中でも日本最大の漆器産地として知られる輪島は、室町時代から栄え、漆器の代名詞とさえいわれる。輪島塗の包み紙には、「大極上《だいごくじょう》、布着せ本堅地《ほんかたじ》」との判が押されている。布着せは椀の縁など木地が薄く割れやすい部分や、箱の継ぎ目などに漆で布を貼って補強するのだ。本堅地は布着せした上に、珪藻土《けいそうど》を素焼きした地の粉《こ》と漆、米のりを混ぜて下地に使う方法で堅牢に仕上げる。輪島塗は、ひと言でいうなら「丈夫で長持ちする」特徴を備えているといえる。

角さんは四〇年、その輪島市に生まれた。父は下地職人、母は蒔絵職人だった。三代目となる角さんは中学を卒業するや沈金師、橋本哲四郎さんに入門し修業に入る。二十二歳の時、日本現代工芸美術展の第一回に出品、初入選を果たす。六四年以降、日展で十七回入選し、七八年には漆パネル「鳥の門」が特選を受賞。三十歳代にして「輪島に角あり」の評価を博する。しかしやがて日展や日本現代工芸美術展には出品せず、わが道を歩むことになる。

足元見つめ作家を脱却

四十歳の時、漆芸作家の肩書を使わなくなった。そして「偉三郎」の銘とも決別し、箱書きもやめた。「これまでは平面やパネル、オブジェで表現した優美な世界をめざしてきました。しかしそれは絵画や彫刻など、漆を使わずとも表現できるではないか。手で触れることのない作に漆を使う理由が見えなくなりました。だとしたら漆とはいったい何なんだろう」との自分への問いかけからだった。

角さんはその答えを伝統的な技法や芸術的な奔放さに求めなかった。輪島の風土に育った自分自身の生き方に求めたのだった。それは足元の椀や盆など本来の漆器への回帰だった。「漆という素材が一番生きるのはやはり食器なんだ。美術品でなく日常生活の場で使えて飽きのこない工芸品を作りたい」との考えに到達した。

こうして角さんは作家の道から職人の道に逆流した。それが角さんにとって自然の流れだった。漆芸の姿勢だけではなく、その手法においても独自性を追求した。十回近くも「重ね塗り」する輪島塗の伝統を否定したのだ。「漆の性質を複雑に解釈するのでなく余計なモノを省く作業の中で、新しい世界を発見できる」。これがアウトサイダー角さんの信条だった。

角さんは、輪島に隣接する柳田村合鹿《ごうろく》に伝わる椀に魅せられた。古くは田植え椀と呼ばれ村のどの家にもあったという。塗りも一、二回で馬のしっぽの毛を使って仕上げたのか、毛が付着していたり、所々にブツブツもあり、表面がなめらかでなかった。しかし、その椀に触れ眺めていると、神事やあぜ道での食事に使った光景がよみがえってくる。そんな味わいがあったのだ。それを機に作り始めた椀は「合鹿椀」と名付けられ角さんの代表作になった。

漆は直接触れるとかぶれる恐れがあるためか、産地ではだれもやらない手塗りに角さんは挑んでいた。しかし手で直接塗ると、大胆で力強い質感が出た。刷毛で塗り込まないため、カンナの跡や木目や布の跡を残す手法にもつながった。絵付けも手のひらや指、つめに漆を混ぜた練り金を付けて描いた。その後、訪ねたミャンマーのチャウカ村では、仕上げも手塗りだった。漆の原点を見る思いだった。

こうして土の中から生まれ出てきたような、無骨でケレン味のない角流の世界が形作られたのだ。細やかな輪島塗の伝統を打破し、一見素朴で荒削りとも思える角さんの作品は内外の漆工芸家や美術館からも注目された。米、英、仏などからパブリック・コレクションとして所蔵されたのをはじめ、独のベルリン国立美術館では東山魁夷氏に次いで日本から二人目の招待作家に選ばれた。

しかし角さんはそうした評価にかかわらず、一職人の歩みを続けた。汁椀や飯椀、鉢、ぐい飲みに銚子、盆や膳、重箱など日常使われる多くの種類の器を作る。作家と職人の違いについて聞くと、「注文があれば繰り返したくさん作るのが職人です」と。美術館や博物館の意図とは一線を画しているのだ。

漆文化の復興願う試み

私が角さんに初めて会ったのは、朝日新聞金沢支局長に着任した九一年のことだ。輪島市では八八、八九年にうるし文化フォーラムが開催されていた。輪島漆器商工業協同組合、石川県、輪島市に朝日新聞社も加わって主催した。企画から実施に歴代二人の支局長がかかわっており、「輪島に角というユニークな漆芸家がいる」と引き継ぎを受けていた。

金沢は加賀百万石の城下町として栄えた歴史都市。そこには輪島塗のほか加賀友禅、九谷焼、金沢箔、山中漆器などの伝統産業が息づいていた。石川県立美術館に行けば、見事な沈金が施され「これぞ芸術品」といった漆の作品を見ることができた。漆芸家では人間国宝の故寺井直次さんや大場松魚さんがいて、作品ができるまでの苦労話を伺う機会にも恵まれた。天賦の才能ともいえる繊細な技は、長い鍛練から生まれたものであった。人間国宝の二人は、とても近寄りがたい存在に思えた。

角さんの家は塗師の町といわれる路地裏にあった。セーターの上に半てん姿で、時折柔らかな笑顔をみせてくれる角さんに親しみを感じた。一から聞く私にも丁寧な受け答えだった。輪島塗の作業は多くの分業によって成り立っていた。重箱などを作る指物屋があれば、お椀の木地を作る挽物屋、盆などを作る曲物屋、さらに沈金や蒔絵をする職人もいる。角さんは「私は幾人もの職人さんと一緒に漆を制作しています。輪島の地そのものが私には一つの工房といってもいいかもしれません」と話した。

うるし文化フォーラムは、漆産業の国際化や可能性など様々な課題を討議した。同じ会場で「アジアの漆器展」も開かれた。漆は日本のほか、中国、台湾、朝鮮半島、タイ、ビルマ、ベトナムといった広い地域に分布している。西洋の合成塗料とは異なり、漆は木の温もりや色調を生かす、アジアだけの天然塗料といえた。ただ各地域の交流がほとんどなく、使われ方もそれぞれだ。日本では作家の精巧な美術工芸品の道をたどることもあれば、ビルマでは民衆の生活必需品になっている。

「ジャパン」といわれる漆器だが、日本を代表する産業というにはほど遠い実態だ。その原料は中国から入り、年間二百万個以上の漆椀が中国から輸入されている。伝統工芸の漆が日本文化の中でどのように位置づけられればいいのか。角さんはフォーラムの議論の中でこう発言した。「ビルマなどの素朴な漆器に触発されなかったら、今日の自分はなかったであろう」。

角さんは漆文化の復興を願い、まず国内各地の漆工芸職人を訪ね歩いた。そして九三年には五年越しの夢がかなって「日本うるし山脈」と銘打った展覧会の開催にこぎつけた。都内のギャラリー八カ所を会場に産地ごとに会員が作品を披露したのだった。各産地の交流と職人たちの競演で、使い手の掘り起こしを図ったのだ。

その後も夢はふくらみ、世界の漆博物館構想を描いている。角さんは推進委員の一人だ。輪島には九一年秋に、県立の漆芸美術館がオープンしているが、今度は世界の漆器を集め、生活文化の中の漆を考えることができ、ネットワークづくりに役立てたい考えだ。このためまずアジアの漆事情から調査しようとタイ、ミャンマー、ブータンに出かけた。

この旅には、漆商を営み、角さんの長年の友人でもある大向稔さんも同行した。二人とも、輪島塗の将来を案じていた。ミャンマーのチャウカ村という小さい産地で大きな衝撃を受けたのだった。ここでは手で漆を塗り、上塗りも密閉された部屋の中でする日本とは異なって、砂ぼこりのあがる所で悠々とやっていたのだ。自然の中に溶け込む漆の原点を見た感動を覚えたという。大向さんは、こうした経験を踏まえ、角さんの新境地についてこう分析している。「角さんの目は、自分の育った輪島に足を踏ん張り、漆にたずさわってきた過去、未来の職人の営み、さらには漆を産するアジアに向けられています。産地はいま、不況にあえいでいます。しかし日本古来の漆文化の灯をともし続けていかねばなりません。角さんの問いかけを産地全体でも問わねばなりません」。

山中のアトリエで書も

九五年秋、大阪・難波のデパートで関西で初めての角さんの大がかりな作品展が開かれた。私は会場を訪ね、久しぶりに角さんの元気な姿を見た。「私の作品は美術品ではなく工芸品なんです。だから壁やケースに飾ってほしくない。日常生活の場で使ってほしい。漆の本当の良さは、使ってみて初めてわかるはずです」。相変わらず熱っぽい口調だった。

この時、買い求めた合鹿椀がわが家の家宝となっている。朝食がパンだけに、それほど使わない。時々思い出したように使う。しかし家宝にしてはいけないのだ。「器というのは、器それ自体で見ると、何かが満たされていません。料理を盛り付けてこそ初めて完成すると思う。漆は使われるほどに輝きを増すものなんです」。角さんの小言が聞こえてきそうだ。

門前町の山中のアトリエは、自然の中に溶け込んでおり、木々の眺めがあり、風の音と鳥のさえずりが聞こえてくる。しかし夜になると、どこからも明かりが見えない。文字通り黒い漆をまぶした漆黒の世界が広がる。そんな時、詩人のような心境になり、書を始めたという。私は色紙に一筆所望した。そこにはこんな文章が、角流で書かれていた。

「せまって来る　少しためて吹く　まるいのだ風　ころがってうちの戸をた、く」

〇一年春。大阪キタの料理屋で角さんを囲み、大向さんと私は懇談した。「輪島のひいては日本の塗文化を後世にしっかり伝えていきたい」「アジア各地への学術調査を続け漆のルーツを探りたい」「世界各地の漆を集めた展覧会ができないだろうか」。酒を酌み交わしながら漆について語り合った。

角さんは銘代わりの五つ星を、近く六つに増やしたいという。その一つに託す意味は、時空を超えた永遠なる漆への愛着を込めた願いなのか。なぜか私には、角さんの造形へのこだわりと、古備前のあり方を追い求める森陶岳さんの執念が重なり合ってくる。二人はその年の晩秋、門前町で会った。森さんが角さんのアトリエを訪ねたのだ。すでに何度か面識のあった二人は、夜の更けるまで芸術談義を重ねた。

傍らで私は美味しい酒以上に、二人の言葉に酔った。漆芸と陶芸、芸域は違うが、夢を求め続ける「本物志向」の二人の男の生きざまに共鳴したからだった。

宮脇綾子

主婦が拓くアプリケ芸術

生活の場から作品数々

忘れられない展覧会の仕事に「アプリケ芸術50年　宮脇綾子遺作展」があった。宮脇さんは一九九五年七月七日に永眠した。享年九十。私は生前お目にかかったことはないが、綾子さんの遺族や作品を通じ、その人生の歩みを深く知ることができた。宮脇さんは半世紀にわたって生活の中の身近な草花や野菜、魚などを題材にアプリケの創作をした。一人の主婦がたゆみない努力によって芸術作品を生み出した典型ともいえた。

「美しい花が咲き始めました。お変わりなくお忙しい毎日をお過ごしのことと存じます。この度、父の生誕百年の記念の個展をしていただけることになりました」。二〇〇一年春、こんな書き出しの便りを名古屋に住む嶋地千瑳子さんからいただいた。嶋地さんは綾子さんの一人娘で、父は東海画壇に足跡を遺した洋画家、宮脇晴さんだった。晴さんは八五年、八十三歳で亡くなっていた。

私はご遺族への挨拶も兼ね名古屋市・栄の名古屋画廊での個展会場を訪れた。芸術家を両親に持つ千瑳子さんは、私を案内しながら「一卵性夫婦なんていったら笑われるかもしれないけれど、夫唱婦随の言葉通り、ほんとに仲がよく、お互いに次々と作品を仕上げていました」と、述懐していた。その夜、千瑳子さんと長男宮脇桂さんの夫人、実保子さんをまじえ食事をし、綾子さんの歩みを回顧した。

食の月刊誌の表紙好評

宮脇さんは一九〇五年、東京に生まれる。父親は事業に失敗し、十八歳の時に死去。幼少から貧しい生活を余儀なくされ、物を大切にする習慣が身についたのかもしれない。晴さんとの出会いは、家の近くの日曜学校の先生の紹介だった。先生が名古屋の工芸学校に赴任したが、その学校の図案科に晴さんがいた。断続的に文通を続けていたが、二七年に二十二歳で結婚する。母校の教壇に立っていた晴さんのもとに、身の回りの品だけを持って嫁いだ。姑と親思いの一人息子の家庭に貧乏を買われたのだった。

戦争が終わり二男一女を育てる中で、「何か自分でできることを」と思い立ったのがアプリケだ。四五年、四十歳の時だった。身近にあった古裂《ふるぎれ》を材料に、そして庭の草花や、台所にあった野菜、果物や魚などをモデルに、布を裁ち、糊付けし、糸でかがる作業で、創作の喜びを知った。主婦が平凡に過ぎてゆく日常生活の中に、生きがいを見い出したのだった。貧しさや

自宅居間のアトリエで制作する宮脇綾子さん（1984年、丹羽綾子さん撮影）

悲しみを知っていたから、人や物をいとおしむ心が生まれ、作品に素朴な温かさを生み出していけたのだろう。

アプリケの制作を始めて数年後、知人の勧めで初の個展を開く。個展は評判が良く、名古屋だけでなく東京にも広がり、その作品は次第に全国にも知られるようになる。宮脇さんの作品には「あ」という字の縫い取りがほどこされている。これは綾子の「あ」であり、アプリケの「あ」であり、自然のものを見てあっと驚く「あ」でもあり、感謝のありがとうの「あ」でもあった。

こうして「あ」の作品は、またたく間に主婦たちの間に浸透した。カルチャー講師の依頼をはじめ、雑誌やテレビの出演と活動が広がり、各地にアプリケ綾の会もできるほどに普及した。「無理をしないで家を大事にしなさい」。教室で教える生徒らへの宮脇さんの口癖だった。

私が宮脇さんの作品に接したのは、記者時代に食の月刊誌として定評のあった『あまから手帖』の表紙絵だった。ほのぼのとした味わいで、表紙を見ているだけでも心なごんだ。この雑誌は、朝日新聞社で私の元上司だった重森守さんが編集長をしていた。その頃の私は新聞社の企画マンとして未熟ながらも、遺作展ができないか、との思いが脳裏をかすめていた。重森先輩に相談し、宮脇さんのことを取材した。

「樹は年ごとに老いていくけれど、花は毎年、新しい生命を咲かせますよね」。重森さんは生前、宮脇さんから直接きいた言葉を伝えてくれた。そして「宮脇作品に十年間も表紙を飾っていただいたのに休刊に追い込まれた。そして宮脇さんも亡くなってしまった。樹は枯れても、花は年ごとに新しい。遺作展をやれば、華麗な宮脇作品がよみがえって、また会える」。重森さんの言葉を待つまでもなく、私は展覧会開催に向けて動き出したのだ。

居間から生まれた力作

展覧会を開くためには、会場の見込みを立てなければならなかった。そんな心配をよそに打診したデパートはどこも好意的だった。宮脇さんの生前の八八～八九年に朝日新聞主催の「布切れの芸術　宮脇綾子自選展」が全国各地で開催され、大好評を博していたからだ。九五年秋、名古屋に住む遺族を訪ね、「ぜひ遺作展を」とお願いした。遺族には「何よりの供養になる」と快く了解していただいた。その時、私が座っていた居間がアトリエだったのだ。当然のことながらアプリケには、それほど広いスペースや設備が要らない。布とハサミや針、ノリがあればいいのだ。何度か足を運んでいるうちに、代表作を集めるだけではなく、遺作展として、一人の庶民芸術家の生まれてきた背景も見せられないか、と考えた。

あまたのアーティストが造る作品の中で、芸術的評価を受けるのに欠かすことのできない要素の一つがオリジナリティー、いわゆる独創性だろう。宮脇さんの作品にはそれがあった。そうした美術作品を扱う私たち企画マンにとっても、催事が注目を集める条件の一つが独創性ではないだろうか。それは扱う作家や作品の内容にとどまらず、仕立て方や見せ方などの手法にもあてはまることだと思えた。

宮脇家では、古くなった家を建て替える準備をしていた。このため本棚や押し入れに大切にしまってあった資料類をすべて借りることができた。年譜の作成や監修の学芸員のデータとしても活用された。一方、宮脇さんの作品が生まれたアトリエも記録に残しておきたいと考えた。朝日放送に趣旨を説明し、ビデオの制作を要請した。

ビデオは一年以上かけ、宮脇さんの生い立ちや触れ合った人々の思い出などを縦糸に、四季折々の作品の数々を横糸にしながら作品の生まれてくる過程を描き出した。当初は会場だけで見せようと取り組んでいたのが、力作に仕上がったため販売用も製作した。朝日放送では展覧会に合わせて放映をした。単に作品を見せるだけでなく、宮脇さんの人と作品を感動的に伝えるのに役立った。

遺作展ということで、宮脇芸術のすべてを網羅しようと図録製作にも力を注いだ。監修者の西宮市大谷記念美術館の川辺雅美学芸員はじめ、遺族や弟子の方まで二十二人から原稿をいただき、宮脇さんの人と作品について語ってもらった。女優の黒柳徹子さんは「コーヒーをこしたネルの袋はスルメになり、石油ストーブで焼けた芯はメザシになる。宮脇さんは布の中で藍が好き。藍は愛にも通じますものとおっしゃっていた」との一文が寄せられた。

川辺さんは生前の宮脇さんをテレビの「徹子の部屋」で見て、美術館で展覧会を企画、開催していた。私がかかわった展覧会の図録に宮脇さんの言葉を紹介している。「私は貧乏をいやというほど経験しました。でも私は貧乏の経験があったからこそ、ボロ布に目をつけたのだと思います。豊かになんでもあり余るように育てられたら、ボロ布の美しさなどに気がつかなかったかもしれません。そう考えますと、貧乏をしたということもむしろ感謝すべきです」。

杉村春子と思い出の布

宮脇さんは女優の杉村春子さんとも古くから親交があった。文学座が戦後まもなく名古屋の小さな映画館のような場所で『女の一生』を上演した時に、楽屋で会ってから意気投合してのお付き合いだ。その後、名古屋での舞台ごとに会って励ましあっていたという。

展覧会には、杉村さんが所有の屏風と衝立などを借用した。この屏風は杉村さんと杉村さんの両親の着物の端切れで作ったもの。イチゴは初舞台の長襦袢、カレイは杉村さんが初月給で母親に買ってあげた銘仙を使っていた。一方、衝立は『女の一生』上演四百回を記念して制作された。

展示品などの調査で宮脇家を何度か訪問していたある日、実保子さんから、こんな話を聞かされた。「母は杉村春子さんから、舞台衣装などで使っていた着物を数多くもらい受けていました」。その記録が「思いでの布」と書かれた折り本に収められていた。そこには布の一部を切り張りして、舞台写真やメモ書きとともに保存されていた。杉村さんのお母さんが着ていた着物を贈られ、宮脇さんは羽織りに仕立て、とても大切にしていた。この際、それを杉村さんにお返ししたいという。

依頼を受けた私は、その役割を東京在住で次男の建築家、宮脇檀さんにお願いした。檀さんは、宮脇さんに連れられ二度、杉村さんにも会っており快く引き受けられた。九六年五月、檀さんに同行して東京・信濃町の文学座を訪ねた。杉村さんといえば、第一章で書いた新藤兼人さんの『午後の遺言状』の主役を演じて、新藤さんからも生涯女優の生きざまを聞いていた。

杉村さんは、「思いでの布」を一ページ一ページくりながら、宮脇さんとの思い出を一語一語かみしめるようにつぶやいた。「アプリケなさる方はたくさんいらしゃいますが、綾子さんのお仕事は全く独創的で、ほかに類がないですね。どれもこれも生き生きしていて、味わい深いものばかりでした」。

宮脇さんの女の一生について聞くと「お幸せな方だと思いますね。ご主人は絵を描かれ、創作の面でもつながりがありますよね。お互いに触発されながら、お互いが尊敬し合って仲良く過ごされた。それだけにだんな様が先にお亡くなりになられたことはさぞかしつらかったことでしょう。幸せが大きかったから、悲しみもいかほど大きかったことでしょう」と締めくくった。

敬愛していた主人に先立たれた宮脇さんは『スケッチ画帖　私の風土』のあとがきで、こんな文章を書き留めている。「悲しみを越えて生きることが供養だと人様から言われ、私もそう思うようになり、やっと遺影の前で、ぼつぼつ仕事をはじめて居ります。夫は私の師でもありました。自然を造型化することを、そして生きる姿勢を訓えてくれました。あんなに画を描きたがっていた夫の分まで、これからがんばっていこうと思っております……」。

宮脇さんは、自宅居間をアトリエにしていた。あとがきに書かれた通り、そこには晴さんの遺影が飾られてあった。そこで夫の死後も体が不自由になる晩年まで十年近く、アプリケを創作し続けたのだった。宮脇さんの作品の基本は写生にあった。そして天性ともいうべき感性で、布切れを素材にして、花や魚に千変万化させていった。布から新たな命が生まれるように。

檀さんは幼いころの思い出をいくつか話した。「食卓に置かれたメロンを新鮮なうちに食べさせてもらえなかった。まず父が写生にした後、母がアプリケにするんですから」。「くず屋のおばさんが、集めた布を洗濯しアイロンをかけて持ち込んでくるんですからどんどんたまりましたよ。押し入れを開けると、どっと布が落ちてきたこともありましたよ」。

芸術家の両親に育てられた檀さんは建築家の道に進んだ。「母は初めのうちは下手でした。

それでも父は物をじっくり見なさいと教えていました」。次第にうまくなり、父の遺言状にはこう書かれていた。「私の絵はどこにでもあるものだが、綾子のアプリケは違う。世間のどこにもないものだから大事にしてあげてくれ」。

杉村さんは展覧会の始まった直後の九七年四月に、檀さんは展覧会終了後の九八年十月にそれぞれ他界した。人はだれも生まれ、そして死んでいくが、私はその出会いの不思議さを思った。宮脇さんの展覧会を通じ、一時とはいえ、親しく懇談させていただいたお二人の死に感慨深いものがあった。

没後も作品通じ夫婦愛

「アプリケ芸術50年　宮脇綾子遺作展」には、半世紀にわたっての百五十点の作品が所狭しと並べられた。仕事場を再現したり、宮脇さんが日課のように取り組んでいた、はり絵や色紙、布切れで張り合わせた一万個の柿の折り本なども展示した。はり絵には水彩画や文章も添えられていた。八五年七月十四日のはり絵日記から。

毎日毎日　あなたの遺影の前で　一人になると泣いています　「お父さん！戻って来て―」と　（中略）　私の出来上がった作品を誰よりも先に　あなたに見せました　「いいのが出来たね」と言って下さった　あの声、あの言葉を　もう一度聞きたいです

展覧会会場入り口には、主人の晴さんが綾子さんの古希を記念して描いた「竹林に立つ像」

も特別出品し、来客者を迎えた。「この展覧会をだれよりも喜んでいるのが父かもしれません」。一人娘の千瑳子さんは、そうつぶやいた。

展覧会は、九七年春から一年余の間に札幌から熊本まで全国十五会場を巡回した。合わせて二十万人以上が、一人の主婦が創り続けた美の世界に見入った。地元の名古屋では主婦らが行列で入場を待った。だれもが取り組むことができて、だれもまねのできない作品に、多くの感動を寄せた。私はそんな光景に接し、展覧会を通じ、人々の心にメッセージを伝えられた充実感に浸った。

綾子さんと晴さんの作品の大半は、遺言通り豊田市美術館に寄贈されている。一階の常設展示室には、二人の作品が向き合う形で、その存在を示している。中ほどにいすが置かれ、二人はいまも語り合っているように見える。ここでは〇一年に晴さんの初期から晩年にいたる作品展が開かれ、〇二年春には、綾子さんの「春」にちなんだ作品展が催された。

宮脇さんのアプリケは、時代を経ても多くの人の共感を呼ぶことだろう。

蔡國強《ツァイグオチャン》　宇宙が舞台のアーティスト

壮大な思考で芸術表現

アジアの枢軸国として国際的な地歩を着実に築いている中国は、二〇〇一年十月に上海で開かれたＡＰＥＣ（アジア太平洋経済協力会議）の記念イベントとして、国家威信をかけた一大プロジェクトを挙行した。日本円にして四億円とも五億円ともいわれるパフォーマンスを任されたのが、上海演劇大学美術学部出身のアーティスト蔡國強だ。大都市化の進む上海を舞台に、二十三の建物が仕掛け花火で結ばれ、コンピュータ点火によって巨龍を描いた。さらに花火がベートーヴェンの『歓びの歌』を表現したり、四百メートルのテレビ塔が火と水晶の塔になる壮大なプラン。わずか二十分のスペクタクルに使用した花火数十トン、爆発物二十万個を超え、スタッフ六百人。警備に五万人が当たった。ブッシュ大統領ら世界の首脳も見守った。「きれい、きれい。花火じゃなくなったよ。作品だ」。蔡さんの感動を伝えるテレビ画面に、私も酔った。

この蔡さんのパフォーマンスは〇二年一月十九日夜、「地球に好奇心　爆発アートが上海を染める」と題したNHK番組で紹介された。その日午後、私は神戸で蔡さんに会った。兵庫県立美術館で七月に開催される展覧会企画についての打ち合わせのためだ。雑談でその夜の放映に話が及んだ。ニューヨークでのテロ直後だっただけに、実現が危ぶまれたという。でも見事に大成功した。「戦争の道具になる爆発物は、人々の心をつなぐ平和の道具になった」とつぶやいた。私は上海でのプロジェクトの写真を見せてもらいながら、人間の仕事にかける情熱と、弾ける感性、個性の可能性に感嘆した。

火薬のパフォーマンス

蔡さんは、五七年に中国福建省に生まれた。父は書家だが、息子は絵に関心があった。九歳の時に文化大革命が始まる。故郷の山肌に描かれた五十メートル四方の毛沢東の肖像画。それを見ながら育った蔡さんは、自然を活用したスケールの大きい表現を心に深く留めた。二十歳代のころ、シルクロードからチベットを放浪したこともあった。広大な天と地の間に身を置くと、自然との一体感を実感できた。大学を出てからは、日本をはじめフランス、アメリカなどに制作と生活の拠点を移し、異なる風土から受ける刺激を作品に反映させた。現在はニューヨークに活動の拠点を置いて、世界を駆ける。

蔡さんを有名にしたのは、九三年の「万里の長城を延長するプロジェクト」だ。西端の嘉峪《かよく》

アジア大会の芸術展示「アジアの創造力」での
プロジェクト（1994年、広島市中央公園にて）

関《かん》を起点に、その先に広がるゴビ砂漠に、一万メートルの導火線を引き火薬を置いた。ドカーン、ドカーンと爆発音を発しながら、炎は平地から谷へ、そして小高い山へと、暗闇を走った。その様子は赤い龍が猛スピードで駆け抜けていくようだったという。時速五十キロの炎は十分後に終着点に達した。まるで大地をカンバスに、絵の具の代わりに火薬を使ったスケールだ。日中両国のボランティア百人が協力して、作業に加わった。分断の壁がつながりの象徴になった。「宇宙の視点で歴史を見直し、新しい未来を私たちの手で築いていこう」。これが蔡さんの訴えだった。

古代中国の発明した火薬と導火線を用いたパフォーマンスは、見るものにとってはイベントだが、蔡さんはそのプロセスや痕跡も作品にするのだ。このほか漢方薬や風水など中国の伝統文化を、しなやかな批判精神を込めて現代美術の言語に置き換える作品なども制作してきた。今や世界的な芸術家になった蔡さんだが、私が出会ったころと変わらない。優しい目、おっとりした仕草、木訥な口調……。その夜は、久しぶりに刺し身を味わいながら懇談する予定でいたが、蔡さんの体調が優れず、お預けとなってしまった。

私が蔡さんを知ったのは、金沢支局から企画部に転任してまもなくの九三年初夏のことだ。翌年に広島で開かれた第十二回アジア競技大会の芸術参加での展覧会準備のためだった。広島市現代美術館と朝日新聞社が共催して進めた「アジアの創造力」で招待アーティストの一人に、現代美術の先端を歩んでいた蔡さんが選ばれた。初対面の印象は、大がかりなことを考える芸術家にはほど遠く、こつこつ一つの造形を仕上げる彫刻家といった感じがした。ところが、そのプランを聞かされて驚いた。被爆地・ヒロシマを意識した大がかりなプロジェクトを提示していた。

計画変える豊かな発想

蔡さんの当初案は、原爆が投下された同じ高さから、今度は平和の火を灯そうという計画だった。それもアジア大会の開会式で、ヘリコプターから聖火台に導火線を引いて点火させ、平和への願いを発信しようというコンセプトだ。現代美術は時代を深く読み取ったり、潜在しているものを描き出したりするため難解な面があるが、それだけ作家の表現意図が個性的だ。とはいえ蔡さんのように、作品が美術館のワクを超え屋外となると課題も多い。安全性や経費のほか、アートと社会とのかかわりなどだ。

火薬類厳禁の飛行機を使うだけに安全性に疑問があった。ところが蔡さんは「大丈夫。発火すると瞬時に地上へ走ります」と、平然と言ってのけた。技術的な可能性はともかく大会準備本部に打診してみると、聖火方法はすでに決まっており変更できないとの返事だった。蔡さんに伝えると「それならばアジア大会前夜に公共空地の上空で実施しよう」という。美術館と私どもは、委託した以上、誠意をもって対応しなければならない。窮すれば通ずる格言通り、原爆ドームにほど近い広島市中央公園を借りることできた。

次にヘリコプターのチャーターが必要になるが、蔡さんは「朝日新聞社のヘリを使えば」と仰天発言。朝日のヘリは報道のためにあり、特殊飛行のできる航空会社を探さねばならない。何とか引き受けてくれる航空会社が見つかったものの、運輸省航空局などの許可を取り付けねばならない。安全上のテストも必要になるなど、新たな課題も生じたが、時間をかければ解決できる見通しとなった。

しかし根本的に大きな問題が生じた。それは被爆者団体に相談して判明した。広島の被爆者にとって、蔡さんの計画は原爆投下の再現を連想してしまうということだった。もし強行するなら朝日新聞の不買運動をするといった反応だった。被爆者らは広島での鎮魂は空からよりも地中にあるとの主張だ。やむなく蔡さんも納得し、地上に長さ九百メートルの導火線を多数の風船で上空から螺旋状に吊るし、上方から点火し、地中に掘った穴の中へ消える芸術表現に変更した。蔡さんがこだわる「九」の数字は無限を示していた。芸術家の発想の豊かさにただただ感心することしきりだった。

題して「地球にもブラックホールがある」は、アジア大会前日に広島市中央公園で遂行された。ところが準備作業は大変だった。美術館や朝日新聞のスタッフにボランティアの学生らも加わって、ヘリウムガスで膨らませた風船で導火線をつるした。風船の中には、導火線から外れ、遠く青空に消えていくものもあって悪戦苦闘だった。いよいよ点火。ものすごい爆音と閃光と煙を発し、炎は瞬時に土中に吸い込まれていった。とはいえ、再生したヒロシマへの祝賀と鎮魂を願った作家の意図は、見る者に衝撃的な印象を与え、多くのことを感じさせた。現場で実感した私は、蔡さんに駆け寄り「おめでとう」と声をかけた。長身の彼は思わず私を抱き締め「ありがとう」。身体は小刻みに震えていた。

現代美術の門外漢だった私も蔡さんを知ったお陰で次第に興味を抱き始めた。その後、高知県立美術館のレッド・グルームス展や滋賀県立美術館のシンディ・シャーマン展、広島市現代美術館でのロバート・ラウシェンバーグ展などにもかかわる。蔡さんの作品はできるだけ見るように努め、鑑賞できない展覧会は図録を入手した。

関西では九四年に、京都一二〇〇年祭の「京を創る」でデビュー。発表した作品は「長安からのお祝い」。京都市役所前の広場に土と石で、DNAや吉兆の符号の溝を作って、その溝に西安から運んできた千二百キログラムの酒を流し込んで点火した。酒は青い炎を上げながら、溝をゆっくり流れる。しかも酒の香りを運びながら、その炎は幾何学文様を描いた。私は市役所の屋上から見下ろした。「五山の送り火や曲水の宴、枯れ山水、伏見の清酒などといった京都の歴史とも響きあっているんです」。蔡さんのコンセプトは奥が深い。

一九九五年に開かれた東京都現代美術館の開館記念展では、いわき市で制作された廃船材による「東方より――三丈塔」を、九八年には瀬戸内海に浮かぶ直島のコンテンポラリー・アート・ミュージアムで「文化大混浴」と称した露天風呂を見学した。廃船に塔の生命を与え、風呂ではいやしと清浄を、蔡流に表し、火薬を用いた一過性プロジェクトの印象とは違った新た

世界的なアーティストの蔡國強さん

な面を見ることができた。

新美術館で師弟が競作

その蔡さんと再び仕事で出会うチャンスが巡ってきた。〇二年四月、新しくオープンする兵庫県立美術館の開館第二弾として「美術の力」展を、朝日新聞社が共催することになった。新美術館は阪神・淡路大震災で打撃を受けた神戸の地に、心の復興のシンボルとして建築家の安藤忠雄氏が設計した。このため「美術の力」展では、震災で心に痛みを負った多くの人々が、美術の根源的な力に触れてもらおうというねらい。国際的な現代美術家七人に委託し、生命や環境、自然、いやしや再生などをテーマにした作品を紹介することにした。

そこで二〇〇〇年春以来、委託する作家の選定会議を重ねた。二十人以上の候補リストの中で、まずしぼりこまれたのが、蔡さんとアメリカのビデオ映像の美術家ビル・ヴィオラだった。当然、私も異論なく、早急に接触する必要があった。その年七月、横浜での展覧会出品打ち合わせのため来日中の蔡さんをホテルに訪ねた。美術館の学芸員と同行したが、私の顔を見るなり、握手を求められた。七年ぶりの笑顔の再会だった。広島での苦労話も織り混ぜながら、神戸への協力を要請した。

「スケジュールが詰まっていますが、何とか努力してみましょう。ともかく早い時期に、現地を見て判断しましょう」と蔡さん。震災からの復興をテーマにした展示趣旨に関心を寄せたようだ。私には「参画してもらえる」と受け取れた。その後、〇一年八月と〇二年一月に神戸へ足を運んだ。西日本最大規模の新美術館の設備には満足したようで、屋外でのパフォーマンスにも意欲を見せた。ただ明石での花火事故があった兵庫県だけに、得意の花火を使ったパフォーマンスは懸念された。

この蔡さんと並んで選ばれた一人に、神戸出身で筑波大学教授の河口龍夫さんがいた。私は河口さんとも面識があった。九四年から九五年にかけて熊本、大阪、郡山、広島の四会場を巡回開催した「ヒロシマ二十一世紀のメッセージ」での出品作者で、各地の展示指導に来ていただいた人だった。河口さんは核時代、放射能から守るため種子を鉛に閉じ込め、種子の発芽に必要な水や空気、土も等身大のパイプに保存し、人間の存在を示した「関係」シリーズの作品を出品した。その配置が微妙で作家自身にお願いしたのだった。今度の「美術の力」展のため筑波大学へ協力要請に出向いたが、「私の所で学んだ蔡さんと一緒に出品できてうれしい」と、私にとって思いもかけぬ返事だった。

蔡さんは八六年から九五年まで日本に滞在し、八九年から二年間は筑波大学総合造形で河口教授の研究生になって、講義を受けていた。九三年には一時、仏カルティエ財団の招きでパリに滞在。活躍の舞台が世界に広がり、九〇年代はイスタンブール、ヴェネツィア、シドニーなどのビエンナーレに出品、現代美術の旗手として注目を集めるようになった。しかし師弟関係はゆるぎなく、蔡さんは「先生と競作できて緊張します」と苦笑する。二人の夢をつむぐ作品に胸が躍る。

既成概念覆す作品世界

私が蔡さんと新しい仕事の接点ができてからも、日本での作品発表の場があり、蔡さんの新境地に触れることができた。二〇〇一年九月、大阪で万華鏡の作品が展示された。これまで各地で行ってきた爆竹や火薬を使ったプロジェクトを集大成し、写真やビデオでなく、体験できる手段として、昔懐かしい万華鏡に表現したのだった。会場ではプロジェクターを通して壁面に投影された。と同時に実際に万華鏡にして、手にとって見る作品も。私がかかわった広島での「ブラックホール」も万華鏡の世界に変身して見ることができた。「子供のころの美しい宝物。私の作品を、私を成長させてくれた日本で実現できてうれしい」と蔡さん。

〇一年十一月十一日、横浜トリエンナーレの最終日に蔡さんの作品を見た。会場の一角に蚊帳状のカーテンで囲まれた広場の天井から花火のイルミネーションを吊るすというインスタレーションを制作、展示した。その下には何台ものマッサージチェアを置き、観客はリラックスして、語らい合いながら、華麗に散りばめられる光のショーを見上げるといった趣向だ。ここでも蔡流のユニークさが際立っていた。

蔡さんの作品世界は、私たちの既成概念や思考方法を覆す。しかし当人は「私の基本的な哲学と価値観は老子の思想に深くかかわっています」と言い切る。いつも決まった方法はなく、その環境の中で、無為や自然を旨として「見えない力を待つ」という。蔡さんの存在を知り、その芸術と人間性に引かれ、十年来アシスタントとして内外のプロジェクトを支えている人がいる。辰巳昌利さんはこんな話をしてくれた「少年の心と夢を持った人です。美術は楽しくなくてはとの遊び心があるんです」。「毎度、新たな山登りに挑戦している感じ。苦しいけど新たな試みが新鮮です」とも。

被爆地・広島でのプロジェクトに続いて、震災地・神戸での蔡さんのコンセプトが次第に固まってきた。今回は「港」をテーマに、「船」の作品を展示したいという。金塊を使った黄金船を制作し、象徴的に展示する計画だ。また、〇二年二月に上海で発表の新作も含まれているが、船を逆さにした中にパソコンを設置、いまや人間がインターネットの網の中に捕らえられている鳥のようだ、との現代文明への批判作品もある。兵庫県立美術館が海に隣接しており、「港」の展示は、その立地を念頭にして美術館に呼応したものだ。

そして目玉となる屋外の展示は、新美術館南面の海に、強いアルコールの青い火を灯したトタンの小船九十九隻を連ね、龍のように蛇行させる。震災で亡くなった人たちへの慰霊を表現する、一夜だけのイベントとなる。

第三章　市井に生きる情熱と志

野村廣太郎

記録絵画「おおさか百景」

故郷は明治・大正の大阪

二〇〇一年春、大阪市北区曾根崎に一軒の洋食屋が開店した。経営者の星収さんは、お初天神近くに店を進出するにあたって、大阪らしい店づくりができないかと思案していた。ふと立ち寄った本屋で一冊の本を見て、一瞬「これだ」と思った。手にした本は故野村廣太郎さんの筆による『おおさか百景いまむかし』（東方出版刊）だった。そこには明治・大正時代の大阪の街並みの絵画が収められ、かつての街の味わい深い魅力を伝える色鮮やかな風景画が時代考証にもとづいて、精密に描かれていた。大阪・船場唐物町生まれの明治男、野村さんに「兎追いしかの山、小鮒釣りしかの川」の懐かしい故郷はなかった。野村さんにとっての故郷は、明治・大正の古い大阪の街並みだった。

野村さんの絵は、大阪市立美術館に寄贈されていた。星さんは早速、美術館に電話を入れ、店内に展示する使用の手続きを聞いた。ある日、星さんから私に電話が入った。美術館から朝日新聞主催で野村さんの展覧会があったと紹介され、担当していた私にたどりついたからだった。相談を受けた私は遺族らに連絡し、著作権継承者で妻のミネ子さんに写真展示の了解を得た。こうして星さんは、カラフルに描かれた天神祭などの作品八点を大きくプリントして、店内に飾ったのだった。

開店直後、ミネ子さんは店に招かれ、感慨深く店内を見回した。「亡き夫、廣太郎の遺した作品がこうした形で人目に触れることになり、とてもうれしい。何よりの供養です」と、私に実感をもらした。

変わる街並み今昔対比

私が展覧会にかかわったのは、京阪百貨店の初代社長、中西徹さんの依頼があったからだ。野村さんの風景画をあしらったカレンダーを見て注目した中西社長は「浪速情緒を思い起こさせる絵だ。ぜひ展覧会を開いて、若い人にも見せてあげたい」と、催事担当の部下に指示した。中西社長は京都大学文学部の美学・美術史を専攻しており、百貨店に常設の展覧会場を設け、入場者数の少ない現代美術まで開催するほどの芸術の理解者だ。「メジャーでなく、知る人のみ知るという作家の作品を取り上げる会場があってもいいではないか」。中西社長の美術における見識だった。

催事担当者から要請を受けた私は、野村さんに関する資料を集めた。野村さんの風景画を目にしていると、タイムスリップした感じで、とてもなごむことができた。そこには天神祭に代表されるように人々の信仰と生活が一体となり、活気あふれる街が形造られていた。野村さんの絵には、川や橋の作品も数多く、庶民の暮らしとつながっている水辺空間が生き生きと描かれていた。

私は都市化と近代化の進む中で、味わいに満ちた大阪の街をいま一度、見る人の心象風景に宿していただこうと、展覧会の企画書を作成した。私に会った野村さんは「こんなに急テンポに変わるとはのう……。それも東京とおんなじような街になりよるのはつまらん」と、繰り返し語った。

展覧会は所蔵先の大阪市立美術館の協力を得て、九七年春に「野村廣太郎のおおさか百景いまむかし」展（朝日新聞社主催）として開かれた。野村さんの描いた絵の舞台になった現在の姿を、朝日新聞写真部のベテラン記者が撮影し、「いまむかし」の移り変わりを対比する形で展示した。大阪市教育委員会委員長を務めた郷土歴史学者の故伊勢戸佐一郎さんの丹念な解説も添えられた。

私は展覧会の主催者あいさつに次のような一文を掲げた。

豊臣秀吉の城下町として栄え、水の都といわれた大阪。川や橋をめぐって執り行われる様々な年中行事や風習が息づいていました。庶民の生気があふれた街の表情は、いますっかり様相を変えてしまいました。（中略）野村さんは明治・大正の大阪の情景を長年かけ苦心して描き続けました。入念な調査を基礎に制作されたもので、その写実的な作品は、

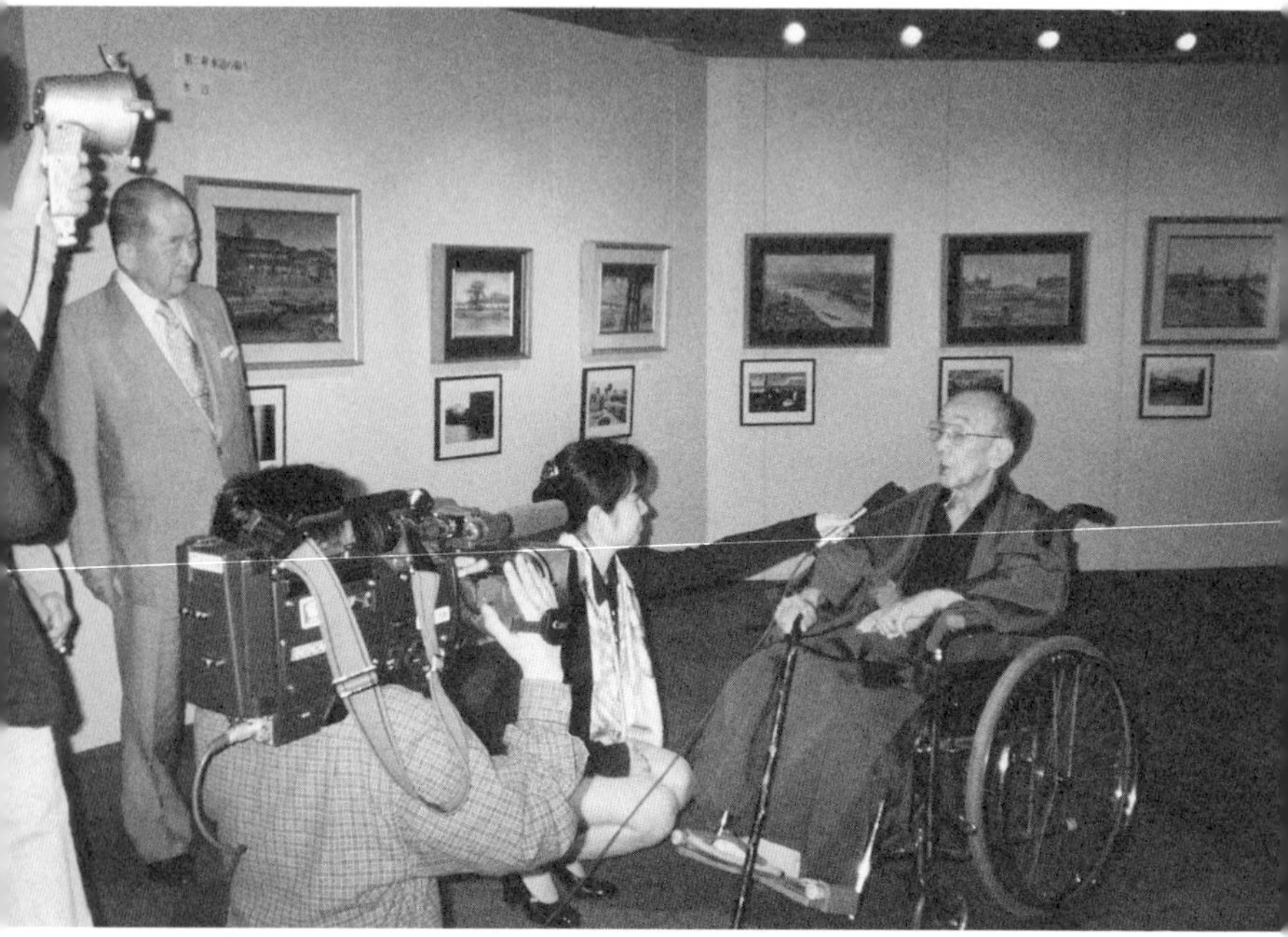

「おおさか百景いまむかし」展で取材を受ける野村廣太郎さん。左に立っている人は元・京阪百貨店社長の中西徹さん（1997年、大阪にて）

絵画的な魅力を備えるだけにとどまらず、当時の大阪の街を活写しており、貴重な歴史資料としての意味も少なくありません。野村さんの絵画は「街に顔を、そして色を」の思いをいま一度記憶に呼び起こしてくれるものです。

一点一点の作品に解説を付けた伊勢戸さんは「古き良き大阪の街を再発見、再認識し、そこに住み憩う人々に魅力ある都市を創造し、後世にその心を伝える一助になればと願います」と、その意義を強調した。十三日間の会期に七千人を超す観客があった。会場の片隅に置いたノートには百三十五人の感想文が寄せられていた。

「水の都・大阪というのは昔の話。古い地図をながめても、私には実感できませんでした。今日たくさんの川が描かれている絵を見て、ああ、こんな感じだったんだと、しみじみ感じました」(女子中学生)

「とても素晴らしい絵を拝見いたしました。丁寧な描き方で、大変ご苦労がおありとお察しします。亡父や亡祖父の姿を絵の中の人物の群れの中に探しました。こんな時代に生きたのだと、感傷的になりました」(四十五歳主婦)

こうしたうれしい反響に、私は感激するとともに、野村さんが歩んだ一世紀に及ぶ人生に思いを馳せた。

望郷をナツメロ感覚で

展覧会が開かれた時、野村さんは九十三歳だった。足が弱っていたため、豊中の自宅に車を手配し、会場では車椅子で見てもらった。野村さんは久しぶりに自分の絵と再会した。「天満青物市場の朝」の絵を見ていると、思わず「ねんねころいち天満の市よ」と、なにわの子守歌が、独特の節回しで口をついた。この市場は、かつて江戸幕府の保護で大阪城下の台所をまかなうために繁盛したが、昭和初期に衰退していった。

野村さんと一緒に食事をすると、おもむろに懐からハサミを取り出し、刺し身を細かく切って口に運んだ。「体が不自由になってしもうたが、広い展覧会場で、たくさんの人に見てもらうことができ、私も苦心作をこの目で確認できた。長生きしてこんなによろこばしいことはない」と、涙ぐんだ。

野村さんはプロの画家ではない。新日本セイハンの社長を長年務めた実業家である。一九〇四年（明治三七年）、大阪市中央区唐物町に生まれ、幼いころから絵が好きで、大阪石版塾で洋画の勉強を始めた。二四年（大正一三年）に信濃橋に洋画研究所ができたので入門した。鍋井克之、小出楢重らの指導を受けた。同じ研究所から、田村孝之介、向井潤吉らも輩出している。

野村さんは大阪市展にも入選するほどの腕前で、当然画家をめざした。しかし掛け軸になる日本画と違って、洋画では飯が食えず絵の具の入手もままならなかった。そこで印刷会社に就職した。その会社で無類の研究熱心さと独創的な工夫を重ね、次々と新しい技術を開発し業績を上げた。五六年（昭和三一年）には新日本セイハンを創設し独立した。

野村さんは家庭においても質素堅実をモットーとした。末娘の森満代さんは、今も家訓を大切に持っていた。そこにはこう記している。一、無駄遣いは貧乏の基と知るべし。一、向学心と向上心のない人間は将来性のない人間と思うべし。一、情け深い思いやりでどんな苦労にも辛抱するべし。こうした文言が七項目掲げられている。満代さんは「末っ子の私には甘かったが、五人の兄や姉には厳しくしつけた。でも父は自分自身にも厳しい人だった」と、懐かしむ。仕事にも、家庭にも恵まれていたが、心にぽっかり穴のあいた思いがしていた。

時代考証難しい色合い

かつて水の都とうたわれた大阪では、長堀川が埋め立てられ、思い出深い心斎橋や難波橋、桜橋などが一つまた一つ姿を消していった。仕事で大阪の街を歩くうち、絵心をかきたてられたのだった。幼いころ、絵かきになりたいとの夢は持ち続けていた野村さんは、迷わず、記憶にある大阪の風景を描こうと思い立った。

社業は順調に推移し後継者も育っていた。歌にナツメロがあるように、絵にも懐かしい昔の風景を描いたものがあってもいいではないか。古き街並みの姿を描き遺しておくのも、後世に何かのお役に立てるのではと、考えたからだ。

「私はピカソでもマチスでもない」と、野村さんはひたすら写実的な記録絵画に徹した。とはいえ昔の姿を忠実に再現するというのは至難だった。ワンマンを貫いていた社長の野村さんは、資料集めと写真撮影を二人のスタッフに業務以外の仕事として申し付けた。古い写真と、その当時の写真を活用して、現場の再現に努めたものの、古い写真のほとんどがモノクロだった。色彩をどうするかに苦労した。

野村さんは完璧主義だった。本業の印刷業でもカラー版の校正刷りの出来が悪ければ、従業員のみならず得意先の客のいる場で「こんなもん売り物にならん」と、破り捨てた。周囲からは偏屈視されたが、いわゆる「技術の鬼」だった。体は百六十センチメートルそこそこの小柄だったものの、激しい気性で猪突猛進のタイプだった。

野村さんに仲人をしてもらった親戚筋の辰巳治男さんは、教職から転身して野村さんに仕えた。日常業務のかたわら資料集めの役割を仰せつかった。辰巳さんは野村さんの並々ならぬ情熱に「とことん付き合おう」と決断した。週末ごとに梅田や天王寺の古本屋に出向いた。そこで見つけたのが明治・大正期の雑誌『上方』。絵の参考になり、野村さんを大いに喜ばせた。そんな時の野村さんの笑顔が、辰巳さんの労苦を忘れさせた。

野村さんは『上方』をめくっていて、小さな写真に目を止めた。江戸時代の遊郭で、大阪・新町の茶屋「吉田屋」付近のたたずまいだ。モノクロ写真をもとに、絵を描き始めたのはいいが、「壁の色は、屋根や木の具合は、芸妓の格好は」と、疑問がふくらむばかりだった。辰巳さんは新町に出向き、当時を知る元芸妓を探し歩いた。やっと探したその人は八十歳を超えていたが、見せられた絵を懐かしみながら、「ちょうちんの紋が違う。店の幕の色もこんなではなかった」と指摘。絵は何度も修正され仕上がっていった。

辰巳さんは、野村さんが描き進めた絵の色合いを確認するため、元新聞記者や土地の古老をツテからツテで捜し出した、力作の「大正初期の天神祭船渡御」では野村さん自身、大阪天満宮の宮司のもとに何度も足を運び、時代考証にもとづいた色の復元に努めた。野村さんの絵は当初、年に四、五点だったのが、辰巳さんらの協力もあって、多い年で二十点ほどに増え、約二十年がかりで「おおさか百景」や「なにわ百景」を完結していった。

野村さんは社長業を続けながら、土、日曜や平日の夜には画家に変身した。作業はもっぱら自宅のアトリエで、気が向けば夜も昼もなかった。作品は七十歳を過ぎても描き続け、喜寿を過ぎても絵筆を握っていた。後に野村さんは「私は父を早く亡くし、母一人の手で育てられたため、画中の点景描写には必ず母の面影を描き、母をいとおしむ気持ちをバネにしてきた」と、述懐している。

天神祭船渡御、北浜の相場風景、ガス灯が川面に映える心斎橋……。詩情豊かな風景に加え、そこに暮らす人々の息づかいも数多く描いた。堂島の米相場を遠方に知らせた旗信号や、今は埋め立てられた西横堀川のボラ釣り、木津川運河の渡し舟、堂島川を行き来する蒸気船、肥後橋の人力車など明治・大正の街の姿が次々と再現された。

六十歳過ぎて男のロマン

この間、銀行のロビーやギャラリーで何度か個展も開いた。郷愁を呼ぶ絵だけに、買いたいとの申し込みも数多く寄せられた。しかし野村さんは一切売らず、主だった百八十点は大阪市立美術館に、その他にも、それぞれ約百点を地元の豊中市をはじめ、大阪市立博物館、池田市などに寄贈した。代表作の一つ「天神祭船渡御乗船」は、難波に九六年にオープンした上方演芸資料館（ワッハ上方）の演芸ホールにかけられた緞帳《どんちょう》に採用された。

天神祭の実況を伝えるNHKの番組にも出演し、「周りの風景は変わっていくが、祭りの精神は受け継いでほしい」と、大阪への郷土愛を語っている。六十歳を過ぎて本格的に始めた「男のロマン」は、社会からも共感と評価を得たのだった。野村さんの絵は絵画的な魅力にとどまらず、大正期の風俗を知る貴重な歴史資料でもあったからだ。

野村さんは京阪百貨店での展覧会が開かれた翌年、九八年に息を引き取った。晩年、野村さんは身近な人に「葬式は質素でいい。その金でもういっぺん展覧会をやってほしい」と、遺言のようにつぶやいていたという。そして翌九九年には中西さんが七十二歳で、二〇〇〇年には伊勢戸さんが六十七歳で、それぞれ過去の人になった。三人とも詩情あふれた古き良き大阪の味わいをこよなく愛し続けた人だった。

二十一世紀、大阪の街は近代都市のたたずまいを色濃くしている。実現しなかったが〇八年のオリンピックの誘致をめざして、スポーツ施設やホテル、道路などの基盤整備も進められた。

この半世紀、歴史的な大阪の情景は過去のものになりつつある。しかしいつの時代も真に住み良い街並みとは、その地域の歴史や文化、風土、そして何よりも人々のかかわりにおいて成り立つものだ。

野村さんが築き数多くの業績を残した会社は、その死後、大資本の翼下に入り解散、その敷地にはマンションが建っている。しかし情熱を傾けて描いた絵画は美術館に現存している。何事も浮沈の浮世にあって、「おおさか百景」は、野村さんにしか遺せなかった「夢しごと」ではなかっただろうか。人は死しても後世に作品を遺せたことで、他の人の心に生き、多くのことを語りかけることができる。

久保田東作

献身的に就・留学生支援

草の根で築く国際交流

久保田東作さんには二つの顔がある。各国就・留学生助けあいの会を主宰し、アジア・アフリカミュージカルチームを率いる「穏やかな顔」と、元中支那派遣軍司令部特務部軍属の体験から反戦への「激しい顔」だ。一九一八年生まれの大正人は活動家である。百六十二センチ五十キロの小柄な体には、激動の時代を生き抜いてきた闘魂がしみついていた。国際交流、ボランティアを口先だけではなく実践して約四十年、二つの顔の心は一つだ。国際平和を願い、国境や人種を超えて人に感動を与え、自分も感動して生きたいという心だ。

九五年一月十七日に起きた阪神・淡路大震災。その翌日、神戸に久保田さんの姿があった。テレビに映った惨事に「居ても立ってもいられなかった。体が勝手に動いていたんですわ」という久保田さん。大阪から自転車で半日、救援物資を積んで、就・留学生を訪ね歩いた。当時七十七歳の久保田さんは一日置きに自転車をこいだ。三カ月間で百十五人に三万円ずつ配った。

こうした献身的な久保田さんの活動がテレビで報じられた。大きな反響があった。「世の常とは申せ、陽のあたる人、陰の人が出来てしまう世の中。そしてその中で悩みながらも、何もできぬ人の多い社会の中で、このようなお姿に接し、私は言葉も出ぬ程の心の豊かさをいただきました。心ばかりの支援金をお届けします」。久保田さんの元に連日のように現金書留の郵便が届いた。香典をそっくり振り込んでこられた人もいた。「善意がよう分かりましたわ」。久保田さんは今もその空き袋を大切に保管している。

アイヌの語りべ中本ムツ子さん（右）と
久保田東作さん（2001年、大阪にて）

震災時に避難の場提供

大震災による就・留学生たちの被災者は二百三十人にのぼった。異国での災難をこうむった学生にとってお金は一時的なもの。住む家や働き口が必要だった。親戚がなく、落ち着いて勉強できる場所の確保が急がれた。助けあいの会には、被災した外国人学生に部屋貸しの申し出も数多くあった。しかし国公立大学生や給費留学生の受け入れがほんどで、生計と日本語学習を必要とする就学生には厳しかった。このため助けあいの会は事務所を避難生活の場に提供した。さらに久保田さんは奔走し百人以上の住まいを探した。行政の対応が行き届かなかった外国人への手助けだった。

四十年前、印刷業を営み工場を持っていた久保田さんが、アラブの留学生と出会った。宗教や生活慣習のギャップに悩んでいた彼を、家に寝泊まりさせ面倒をみた。これがきっかけになり、口伝えに就・留学生が次々と久保田さんを頼って来た。そして出来たのが、助けあいの会だった。工場が火災に遭って倒産しても、協力者と助けあいの会の活動を続けてきたのには理由があった。

久保田さんが十歳の時、さらし職人の父は家を出た。母は病弱のため生活が苦しく、久保田さんは幼い妹と弟を連れ、父の元へ行き、継母に育てられる。小学校に登校前の朝五時に市場で野菜を仕入れ、大八車を引いて売って歩いた。中学校に行かず、船場の帽子屋に丁稚奉公に出るが、自転車の荷台から荷物を落とすなど失態も。あげくに痔になって入院した。継母は優しく看病してくれたが、あまりにも貧しかった。病室のベッドの中で「いつか貿易商になって家族に楽をさせたろ」との志を温めていた。

日中開戦の二年前の三五年、奉公先を飛び出し、中国の上海に単身で渡った。十七歳の時だ。「日本では貧乏人はどうあがいてもあかん。大陸で一旗あげたろう」との意気込みだった。卸市場で仕入れたテンプラやカマボコの行商を始める。やがて久保田さんの商才に目をつけた仕入れ先の「ヤンさん」こと楊大根《ヤンターケン》さんが「うちに来い」と声をかけてくれた。久保田さんは奥さんと子供三人のヤンさん一家と寝食を共にし、便所掃除も家族と同じように担当した。こうしたヤンさんら中国人から受けた親切が、帰国後の助けあいの会の活動につながっているのだ。

資金の確保へ音楽活動

とはいっても助けあいの会の運営は火の車だ。活動資金を継続的に調達しなければならない。その一つがアジア・アフリカミュージカルチームだ。もともと留学生の中には芸達者が多数いた。留学終了後も日本に止まる者もいて、七二年に結成された。各国の民族楽器、踊り、歌、曲芸などをこなす。こうした助けあいの会の趣旨に賛同して、すでにプロとして活動している者も加わった。

大震災の時期、ミュージカルチームは神戸市内で公演をしていた。メンバーは無事だったが、犠牲者が六千人を超す大惨事に衝撃を受けた。「自分たちにできるボランティアは、やはり音楽活動だ」。チームは震災後三カ月間、避難場などを回り、チャリティーコンサートと炊き出しで被災者を精神的に励ました。今は年二回の自主公演の他、各地からの出演依頼や、社会福祉施設への慰問など、平均月二回の演奏活動を続けている。

助けあいの会は現在、生活費に困ったり病気になって救援を求めている就・留学生約五十人を応援している。就学生の日本語学校の授業料は年間約百万円、留学生ともなると平均二百万円もかかる。こうした学費の補助は、会費だけではまかなえない。久保田さんはしみじみと話した。「助けあいの会は千五百人ほどの会員の年会費やカンパでまかなっているが、ミュージカルチームからの資金はとてもありがたいんや。自主公演は赤字になるが、メンバーに大きな舞台を踏ませてやりたい思いで続けてるんですわ」。

私が久保田さんを知ったのは震災の二年前の春、朝日新聞金沢支局長から企画部次長に転任して直後だった。その秋にミュージカルチームのメンバーが中心となった映像とステージ「アジア、パレスチナ…、その愛に喝采」の催しを朝日新聞社が後援することになったためだ。久保田さんからの要請で、この公演も就・留学生たちの救済事業の一環だった。かつて留学生でもあった中国の演奏者たちが熱演し、観客らも『北国の春』を合唱して閉幕したのを覚えている。

九三年九月九日、イスラエルとパレスチナ解放機構（ＰＬＯ）の相互承認が実現し中東の歴史的和解が報じられていた。私は後援の舞台挨拶で「パレスチナを理解する上映もあり、時宜を得た企画です。国際化とは英会話を習ったり、海外旅行に行くことだけではありません。こうした催しで異文化に触れ合うことも大切です。手作りの国際交流の場を支援していきたい」と話した。しかし八年後の〇一年、イスラエルでのテロと報復が激化、真の中東和平の道の険しさを感じた。

久保田さんはミュージカルチームのコンサートを通じ活動の輪を広げた。広島で開催されたアジア競技大会はじめ、関西を中心に展開。ある時は大劇場で、また小ホールで、時には文化財指定の民家で、構成もテーマも様々に変えて催した。私も出来る限り顔をのぞかせ、その活動を見守ってきた。そして久保田さんの小さな姿はどこでも見かけた。企画立案から会場交渉、出演者の依頼、そして開催日には舞台裏での音響や照明の指示まで担当。人手の無い時は受付けや客席の世話、司会までこなす。

数奇な日中両軍の体験

久保田さんの「穏やかな顔」を見慣れてきた私だったが、その一方で「激しい顔」を垣間見るようになった。「外国人留学生言いたい放題110番」の集会ではこう訴えていた。「向学心に燃えて来日しながら、閉鎖社会ニッポンの厚い壁に突き当たって苦しんでいるんですよ。ビザの更新など制度の問題だけでなく、欧米人とそれ以外の外国人を差別する市民感情もあり、もっともっと現実を知ってほしい」。

さらに久保田さんは、「中国引揚者の話」や「ネパールの教育・留学の現状」「神戸市小学生の惨殺遺棄事件の真相」などで講師をやれば、イスラムを知る会の世話人代表を買ってでたり、湾岸戦争が起こった時には各地の反戦集会に出て発言するなど、主張の場を広げている。この背景には久保田さんの数奇な戦中、戦後の人生があった。

久保田さんが大陸に渡って、ヤンさん一家らに世話になりながら、午前中は商売、午後は図書館で猛勉強した。中国語もうまくなり、仕事も軌道に乗り始めた三七年八月、上海で日中戦争が始まったのだ。ヤンさんら中国人たちは次々と戦争を逃れ、田舎へ疎開していった。久保田さんは中国語が話せることから、日本海軍の上海陸戦隊に現地採用され、まもなく上陸した日本陸軍の通訳となった。上海の市街戦は激しく、久保田さんも砲弾を受け負傷した。

参謀第二課特務に所属したが、傷も癒えないまま南京へ。十二月には南京で日本軍が中国軍民を虐殺する事件があった。久保田さんは捕虜収容所からめぼしい中国人を引き抜いてスパイに仕立てる仕事が与えられた。そして中国の部隊に偽装して敵の拠点の図面を入手したり、敵の作戦をスパイする前線での諜報活動にあたった。敵地に入るため身の危険がつきまとったが、いつも丸腰だったため何度も死線を免れた。それ以降、久保田さんは武器を持たない相手を殺せなくなった。

中国の富裕家庭から略奪した金品などを横流ししてもらい遊興費に使うなど戦時下の悪行も体験する。しかし中国人と戦うことの名分に納得がいかない。やがて突入した第二次世界大戦での戦況が厳しくなってくる。特務にいたため情報をつかむことができ、「このままでは戦犯になる」と、部隊からの脱走を決意したのだった。

中国軍との距離が短い山西省の嵐県から延安まで八カ月間歩いた。途中、何百人もの中国人に助けられ、後の日本共産党幹部の野坂参三氏がいた日本人反戦同盟に頼る。が、久保田さんはスパイ容疑で捕虜となる。アメリカ軍将校から一カ月間尋問を受けるが、容疑が晴れて中国解放軍に入った。そして終戦。日本は敗れたが、中国軍では温かくもてなしてくれ、四五年に涙で延安を後にした。

中国共産党員の見送りを受け丹東で朝鮮労働党へ身柄を引き渡され、平壌で一カ月半静養。朝鮮人民軍兵士と共に三十八度線を越えソウルを経由して船で山口県の仙崎に帰国。十二年ぶりに大阪の土を踏み、大阪朝鮮総連で丹東以来の朝鮮軍兵士と別れた。こうした戦時体験が、久保田さんのその後の人生に色濃く投影することになった。

身を切る覚悟で人助け

戦後の久保田さんは、住友金属工業に入社し、圧延の仕事に就く。しかし組合活動をしていたため、レッドパージで解雇される。その後、印刷業を始め、十七、八人を雇い八尾に工場を構えるほどに。ところが紙の印刷からビニールの印刷まで手を広げ過ぎたのが仇になり、工場が全焼し、工員一人を焼死させてしまった。「大きなショックでしたよ。でもあの戦時下を乗り切ってきたんやから、くじけるわけにはいかん」と久保田さん。その後は細々と印刷業の営業で生計を立ててきた。

震災時、就・留学生が寝泊まりしていた大阪市都島の事務所は地代が払えず引っ越し。二〇〇〇年から同じ都島の小さい民家を借りているが、ここにも中国と韓国の四、五人の学生がいつも同居している。久保田さんは、彼らの身元保証人であり、祖父のような存在だ。学生らは「先生、先生」と呼び、敬っている。

人間の存在を示すために、人間の優しい心を通わせるために

体と心、若さと老い、生きている手応えを確かなものにするため
舞い、歌い、奏で、語り合います

〇一年九月三十日、大阪・森ノ宮ピロティホールで開かれた「アジアに伝わる　民衆の音と舞」（朝日新聞社など後援）の案内状はこんな言葉で書かれていた。十数年もミュージカルチームの常連メンバーであるの二胡の劉鋒《りゅうほう》、琵琶の閻杰《えんぎ》を中心にアイヌ口承芸術の中本ムツ子さんや沖縄三線《さんしん》の牧志徳さんらも共演した。この公演でも最後は観客席も一緒になって島唄を歌い踊った。舞台には久保田さんの踊る姿も見られた。

一転、十一月二十五日、大阪・吹田さんくすホールでは「許すな報復戦争　阻止せよ日本の参戦を」の集会があり、リレートークで久保田さんが発言した。「九月十一日のアメリカでの同時テロ事件で世界が変わった。ドルの一極支配が崩れたのだ。テロの背景を知らねばならない」と前置き。「コーランでサラームとは世界に平和をという意味だ。ムスリムたちは生まれた時から国家を超えた平和への思いがしみ込んでいます。ラマダンでは富める者も飢えを体験しています。イスラム社会をもっと理解してほしい」と力説した。

〇一年初冬、久保田さんの住居を訪ねた。最寄りの駅まで自転車での出迎えだった。釜ケ崎に近く、飛田遊郭があった地区の一角の小さな家だ。十五年前に亡くなった奥さんが金を工面して買っていたという。「何でも安く手に入り、住みやすい庶民の町や」と久保田さん。この家に一人住まいしているが、昼間は事務手伝いの主婦が来て、電話の受付や会員への案内発送などをしている。

玄関を入ると、狭いリビングに本棚や新聞、資料が積まれてあった。お茶を入れながら「実は私には滋賀で精神科医をしている一人息子がいるんやが、大学を卒業した時に断絶していますんや。私には私の生き方があり、息子に迷惑をかけたくないからや」とぽつり。時に電話をかけてくることもあるそうだが、久保田さんは孫の成長ぶりを聞くだけで、頑に会おうとしない。一人で生きていくことの決心の現れかもしれない。

「おぼれている人がいて、対岸から頑張れといくら声をかけても救助はできんのや。自分の身を切る覚悟がないと、人助けはできまへん。イスラムの人と一緒に生活をして、はじめてイスラムを理解することができたんや」

久保田さんの草の根の活動を通じ、日本人に人間同士の連帯を感じて帰国して行った留学生は千人を下らない。帰国後、彼らはそれぞれの国で中核の役割を担うことだろう。こうした人を育てることこそ真の国際交流につながり共生のかけ橋となるのではないか。久保田さんの自転車での見送りをうけながら、そう確信した。

寒川利朗

教壇去り患者救済の実践

人生を変えた森永事件

封書の差出人の名前に首をかしげた。細見龍夫と書かれた名前に思い当たらなかった。ともあれと開封して、文面を読み始めた。やはり「初めてお手紙を……」の書き出しだった。細見さんは森永ヒ素ミルク中毒被害者の救済機関・財団法人ひかり協会に勤め、総務部長の役職にあった。内容は、細見さんの仕事上の大先輩であった故寒川利朗さんの遺稿集を作成したいので、寒川さんが活動していた当時、新聞記者をしていた私にも寄稿を求めたものだった。寒川さんとの接点は約三十年も前のことだが、私にとっても強烈な印象を遺した人だ。

手紙が届いたのは、二〇〇一年四月中旬のこと。寒川さんが亡くなって四年経っていた。読み進めていくうち、熱い思いが込み上げてきた。追悼集は、ひかり協会でなく、細見さんが個人的に寒川さんの歩んできた足跡を形にしておきたいと、思い立ったという。細見さんはこう綴っていた。「被害者の親でもない人が、教職を投げ打って、家族との長い別居に耐え、救済活動に献身してきた。そういう人が存在して、ひかり協会の今日があるということを銘記し、追悼集を墓前に供えたい」。

細見さんがひかり協会に就職したのは七八年、二十五歳の時。寒川さんは資料室長だったが、体調不良が続き、ついに入院してしまった。細見さんは業務部に配属されていたが二年後に寒川さんの仕事を引き継ぐことになった。寒川さんはいったん職場復帰を果たすものの、体が思うに任せなかったことと、母親の介護もあって八一年に退職した。細見さんにとって一緒に仕事をしたのは短い期間だったが、包み込むような人柄と屈託のない笑顔を深く心に宿した。

寒川さんは退職後、故郷の和歌山県日高郡竜神村に戻り、ドライブインを始めた。しかし長年の無理がたたり九七年二月、他界した。享年六十七だった。ひかり協会を退職して十六年にもなっていた。すでに協会のメンバーも一新し、今では寒川さんを知る者も少ない。細見さんは「家庭も健康も犠牲にしての森永ミルク被害者救済活動だったのに。あまりにもひっそり別世界に旅立った」と振り返る。

中坊公平に大きな転機

森永ヒ素ミルク中毒事件とは――。五五年六月ごろから、西日本一帯の乳幼児に原因不明の奇病が発生しだした。乳幼児は高熱が続き、下痢や便秘症状をもたらせ、皮膚が黒くなるなどの症状が表れた。岡山大学法医学教室で調査をしたところ、森永ミルクＭＦ缶からヒ素が検出された。八月になって、岡山県はその事実を公表し、厚生省が森永乳業徳島工場の閉鎖を命じた。厚生省によると、全国の被害者は一万二千百三十一人で、うち百三十人が死亡と認定したが、同じような症状を訴える患者がその倍にものぼった。

九月には、被害者同盟全国協議会が結成され、翌月には会社側と交渉を始める。森永乳業から斡旋を求められた厚生省は、弁護士、マスコミ関係者らで構成する「五人委員会」を設けた。この年の末に、補償金として死者二十五万円、患者一万円とする意見書を出した。森永乳業はこの「五人委員会」の裁定を盾にしたため、交渉は難航。後遺症研究機関を設置することと引き換えに被害者同盟を解散する妥協を強いられることになった。

その後六九年に、森永ミルク中毒事後調査の会が、大阪での被害者六十八人の追跡調査を実施、その結果を「十四年目の訪問」として発表した。このことが『朝日新聞』で報じられたことがきっかけになり、森永ミルク中毒のこどもを守る会が全国的に再結集し、再び会社側と交渉を重ねる。しかし交渉は決裂し同年十二月、守る会は、被害者の生涯にわたる恒久救済を実現するため民事訴訟を提起することを決定したのだった。

七二年暮れ、被害者の親たちが結集して民事訴訟を準備。当時、保守派から左翼集団と言われた青年法律家協会（青法協）の若手弁護士らが取り組んでいたが、七三年一月には、後の日本弁護士連合会会長、整理回収機構社長にもなった中坊公平氏を弁護団長にかつぎ出したのだ。中坊氏はそれから一年間、ほぼ毎週末、被害者宅を回る。

『中坊公平・私の事件簿』（集英社刊）に、このような記述がされている。「手足の動かない体を屈め、近所の子供らにアホーと蔑まれる被害児。といっても十七、十八歳、母親達は、ミルクをのませた自分自身をひたすら責め続けるという悲哀。罪なくして罰せられ、地を這うようにして生きる被害者家族の現実はあまりにもむごかった」。中坊氏は冒頭陳述をすべて暗記し、四十分近く弁論した。「私の人生の中でもっとも気迫がみなぎっていた」と述懐している。森永訴訟は、中坊氏の弁護士人生にとっても大きな転機となった事件だった。

片手間で守れぬと決心

「片手間では被害児を守れぬ」。寒川さんが一大決心をし、小学校の教師を休職して森永ミルク中毒のこどもを守る会和歌山県本部の事務局長に専任したのは七二年、四十一歳の時だった。当時、私は朝日新聞和歌山支局の記者だった。この寒川さんの決断は、私の記者活動にとっても大きな意識変革につながった。

私は朝日新聞に入って広島支局では主として経済を担当した。ロータリエンジンを開発しマツダで知られる東洋工業と、米フォード社の提携問題などの取材をしていた。そして和歌山に転任した当初、遊軍記者として取り組んだのが森永ミルク中毒児の問題だ。そこでは人間がテーマだった。

和歌山市で開かれた支援集会で救済活動の先頭に立っていたのが寒川さんだ。その頃、竜神村で先生をしていた寒川さんは、百五十キロも離れた和歌山市へ事あるごとに出向いての活動

森永ミルク中毒のこどもを守る会の第６回全国総会で
演壇に立つ寒川利朗さん（1974年、大阪にて）

だった。何度か私のアパートに来ては、私の家族と鍋を囲んだ。生後まもない私の次男をひざに乗せ「なぁー、シラちゃん」と、運動の難しさを熱っぽく語っていた姿は鮮明に思い出される。

寒川さんは自分の取り組みをリポートにまとめていた。「山村における心身障害者・森永ミルク問題とその運動」には、竜神村手をつなぐ親の会の活動から、会員の中に森永ヒ素ミルクの被害の重症者がいた。それが発端となり、村内で追跡調査をした。「山村辺地ゆえに知らないまま、また知らされないまま事件発表後もミルクを飲んだ子がいて、そのまま未確認患者になってしまった」と、寒川さんは過疎の村から、埋もれていた実態を告発した。やがて全県的な広がりとなり、守る会県本部の結成に至った。

森永問題は七二年に、会社が加害責任を認めて、しばしば全国版の扱いで掲載されるようになっていた。しかし私は、寒川さんの言動を通じ理解を深めたのだった。寒川さんに連れられ、竜神村を何度か取材で訪ねた。

そこで「十八歳の赤ん坊」に出会った。背骨が湾曲し、歩けず、しゃべることもできない青年は、おむつをし、時折「ああ、あああー」と発するだけだった。「子供を健やかに育てようと飲ませたミルクに毒をもっていたとは」。悲痛な母親の叫びを目のあたりにして、社会の木鐸としての役割を痛切に感じた。

頭で記事にするのでなく、足で記事を書くということ。それは寒川さんから学んだ実践だった。その後、会社と国を相手に起こした訴訟に向けた「五人の証言」、さらに「福祉その谷間で」といった連載も、自分の目と耳で確認したルポを基調にした。

こうした取材を通して、寒川さんが、いかに地域に根ざし、被害児の親たちに信頼されているかを知った。やがて守る会運動に専念し、恒久救済をめざすひかり協会へ身を置くことになるが、その実践教育の軌跡を、私は感動をもって見守った。それは森永ミルク中毒の子供の救済を超え、一人の人間としての生き方を提起していた。私自身の記者としてのあり方に影響を与え、仕事に情熱をもって取り組むことの大切さを学ばせてもらったと言えよう。

私はその後、大阪本社の整理部に転任となった。外勤記者から一転し、他の記者の書いた記事を読み、価値判断し見出しをつける役どころ。野球でいえば投手から捕手になったようなものだ。殺到するニュースを限られた時間で処理をして一ページの紙面にしなければならない。

ここではどんな大記者も新米になる。しかも当初、私は硬面担当で、政治や経済、国際ニュース面を扱っていた。政治、経済問題は継続しているので、常にニュースの流れを知っておかねばならず、外電はどんなニュースが飛びこんでくるのか予測もつかなかった。ともかく緊張の日々だった。

取材時代のテーマやお付き合いも次第に疎遠になっていった。地方記者の宿命なのかもしれない。取材対象は次々と変わる。和歌山では、私も遊軍記者から県政記者へ。さらに受け手の整理部に配属され、森永ミルク中毒事件のことも、寒川さんのことも、私にとって過去の出来事に。寒川さんとは大阪で二、三度会い、近況を話し合ったが、やがて年賀状だけのやりとりになった。そして九七年暮れ、奥さんからの喪中挨拶で、その死を知る。このころ私は企画部に所属しシルクロードの仕事に専念していた。

ひかり協会で恒久救済

時は移って〇一年五月、ハンセン病患者に対する隔離政策などをめぐる国の責任が問われた国家賠償請求訴訟の判決で、熊本地裁は総額十八億二千三百八十万円の支払いを国に命じるとともに、らい予防法の早期見直しを怠った旧厚生省と国会議員の責任を認めた。私はこの判決内容を読みながら、新聞記者の在り方を考えた。世の中の動きに敏感に反応し、ニュースをその都度集中的に報道するが、あまりにも一過性に終わる。人権を制限し差別を助長している現実へ継続して問題提起ができないか。国会議員ばかりでなく、新聞記者の怠慢も自覚するべきではないか。

これより先、森永ヒ素ミルク中毒事件の裁判は、損害賠償の時効が迫る中で迅速さが要求された。守る会は不買運動と並行して会社と国との三者会談を継続させた。和歌山でも七三年に原告代表を立て提訴した。海南市の吉川聖君もその一人だった。母乳不足で事件発覚までの四カ月半にわたって、問題のミルクを飲んだ。発疹《しん》や黒い斑点、下痢などのヒ素中毒特有の症状を起こした。取材当時、聖君はすぐ疲労し神経が集中せず大学受験に失敗していた。しかし本人は「僕の努力が足りなかった。森永のことは忘れたい」と言い放った。両親にとっては「公害企業は被害者の生涯救済に取り組んでほしい」という。親子の断絶も事件が生んだ後遺症ともいえた。

父親の吉川薫雄さんは、寒川さんと同様、小学校の教諭だった。しかし森永事件で人生が大きく変わった。守る会の役員になり、訴訟の原告の親として闘いの先頭に立つことに。やがて教職を辞しひかり協会の和歌山事務所の所長になり、寒川さんが退職後、全国本部の事務局長も務めた。「被害者の親でもない寒川君の行動に感動し、大きな勇気を与えられた。教職を辞めたのも、寒川君の決断に私も躊躇できなかった」と振り返っている。吉川さんは七十歳を過ぎて、『子らの限りなき可能性を求めて』と題して、三分冊の自分史を自費出版した。その一冊が森永中毒被害者と歩んだ十五年間だった。

裁判の進行とは別に、守る会は森永乳業と国と交渉を重ねていたが、七三年の第五回目の会談で、加害企業はその責任を認め、救済委員会を設け、その資金を負担するといった内容の確認書が交わされた。そして翌七四年に恒久救済の財団法人、ひかり協会が発足した。老いゆく親たちの悩みにこたえ、子供の将来を救済する方式は異例であった。中坊氏はこの裁判で「一人はみんなのために、みんなは一人のために」と訴え、これがすべての組織の運営方針でなければならないと、強く意識したと強調する。

自宅裏山に静かに眠る

〇一年九月半ば。私は細見さんと一泊の旅で竜神を訪れた。私にとって二十六、七年ぶりだ。何はともあれ、寒川さんの墓にお参りした。墓は自宅裏山の竹林の中にあった。まず墓前にぬかずき冥福を祈った。そして細見さんと用意していた一升瓶の酒を墓石にたっぷりかけた。静かな山ひだに眠る寒川さんも、時を経て、私が細見さんと一緒に訪問したことを驚いていることだろう。不義理を詫びることができた私は、日本三大美人湯で知られる竜神温泉につかり、心身ともに肩の荷をおろした気分に浸ることができた。

その夜、宿に寒川さんの長男の知也さんが来てくれた。私が持ち込んだ森永ミルク中毒事件で寒川さんの活動ぶりを伝えるスクラップ記事や資料をじっくり見ながら、「小さい頃から、お父はんは居んもんと思っとった。思うようにやって幸せな一生やったんと違うかのう」と語っていた。知也さんは一時、父親のドライブインの仕事を手伝うが、いまは郵便局に勤める。

私が会っていた四十歳前半の寒川さんと同じ頃の年齢となり、顔や話し口調のはしばしに寒川さんの面影が見て取れた。知也さんを囲んで、いつまでも懐旧談が続いた。

翌日には、寒川さんの奥さんのツナ子さんにも会うことができた。「お父ちゃんは歯車の転がるように、自分の信ずることを一人できめ、やりたいようにやった。他人のためになるこっちゃから私も満足やった。子育てで不満もあったが、次男には大学時代から福祉の道を勧め、息子もそうしたんでほっとしとります」。ツネ子さんは、私たちが去りがたくなるほど、これまでの寒川さんのことをいろいろ振り返った。

教壇を捨て、家族と離れて、被害者救済の仕事に突っ走った寒川さんだったけれど、家族にこよなく愛されていた。そしてその信念を貫いた生きざまに、感銘を受けた後輩がいた。「自費ででも遺稿集を」と、細見さんは片道約五時間の道程を何度も竜神通いをしている。寒川さんの人生は短かったかもしれないけれど、その精神は家族や後輩の心に生き続けているのだ。

永井伸和

出版文化培う「本の学校」

同志と共有してきた夢

「本の学校」は国立公園・大山を仰ぎ見る鳥取県米子市にあった。時計台のある建物の一階は三十万冊をそろえるブックセンターとメディア館で実習の場。二階には図書室や博物室、研修施設を持つ。書店員らの研修と市民の生涯教育をめざして、今井書店グループが設立した。

二〇〇一年五月、私が初めて学校を訪ねた一カ月後、社長の永井伸和さんから封書が届いた。私も知る有識者の訃報が綴られていた。永井さんは〇二年秋に鳥取県下で開催される第十七回国民文化祭の企画委員長をしており、出版文化展へ韓国からの出展を要請するため、故人と共に情熱を傾けてきた。「大きな同志を亡くし無念です。共有してきた夢を実現するのが私の責務です」と結ばれていた。

私が永井さんを知るきっかけになったのは、八九年初冬のことだ。朝日新聞鳥取支局に着任後、前任の金澤清弘支局長から引き継いだ『私の交遊抄』（今井書店販売協力・印刷）の中巻を

「本の学校」で理想の図書館について講義する
永井伸和社長（2001年、研修室で）

出版するためだ。その後、下巻も出し三分冊になった。永井さんは当時、今井書店の専務だった。「地域出版は大切な分野。できる限り応援しましょう」。永井さんは温厚な人柄で、いつお会いしても笑顔が印象的だったが、出版文化への限りない情熱を秘めていた。

『私の交遊抄』は、八二年から六年にわたって『朝日新聞』の鳥取版に連載した記事をまとめて本にしたもので、三巻合わせて執筆者が百六十人、登場人物は五千人を超した。地域で活躍する鳥取人たちの「わが交遊」が生き生きと綴られている。私は下巻の序文に「茫々たる人間山脈といえよう。行間には豊かな人生模様が描かれ、読む者に深い感銘を与え、知らず知らず引き込まれるであろう」と書いた。

地方から先見的な発信

鳥取在任は二年足らずだったが、『私の交遊抄』に続いて鳥取版で連載した『因伯きりえ祭事記』（発売元今井書店）『鳥取建築ノート』（富士書店刊）を、離任後も『鳥取砂丘』（富士書店刊）を出版することができた。富士書店は今井書店グループで、当時出版企画室長の竹内道夫さんに指導していただいた。『鳥取建築ノート』の企画はスナックの止まり木の飲み友達から生まれ、建築探偵団を結成しての取り組みだった。新聞連載後に一冊の本になり、ささやかな出版パーティーを開いて祝った。

今井書店グループは郷土本の発行、発売に理解があったおかげで、私は新聞人でありながら本づくりの楽しさを味わわせてもらった。鳥取から金沢へ転任する時、永井さんから餞別の封筒が届けられた。図書券が入っていた。私は鳥取の思い出に、砂丘や大山を撮った田賀久治さんの写真集『源郷』（富士書店刊）を買わせていただいた。

永井さんと初対面後に思い起こしたことだが、私の着任前の八七年に「ブックインとっとり八七　日本の出版文化展」が鳥取県の三地区で開催されていた。このユニークな企画の仕掛け人の一人が永井さんだった。「地球は今…」をテーマに、いのち、社会、自然のジャンルで本を展示。一万五千冊の専門図書を並べたり、各地域で発行されている郷土出版物、世界の雑誌コーナーも設けられた。さらに絵本を中心とした子供の世界や、作家の肖像やアトリエも再現した。

県民挙げてのイベントになり、会場には県人口の一割を超える六万七千人が来場した。主催者はスポーツの国体にあやかって、できれば次の県や次の課題へ発展させようと「本の国体」と呼んだ。「情報は中央から地方へだけではなく逆流もあるのだ」との意気込みがあった。

画期的な「本の国体」の開催を知った山形など数県の団体から照会があった。しかし実現には至らなかった。その後、一九八六年に創始された国民文化祭に、芸能をはじめ音楽、美術などと並んで、出版文化展も盛り込んでほしいと提言してきた。「本の国体」の開催からやっと十五年後、実現の運びとなったわけだ。一年おいて福岡の国民文化祭で継承される見通しだ。

手作りで児童文庫開設

この間、全国的な試みは、東京以外では九六年一～二月に社団法人の日本書籍出版協会京都支部が「日本出版文化史展九六京都」を京都府京都文化会館で開催したのに過ぎなかった。朝日新聞社が共催し展覧会期間中に、「本の過去、現在そして未来――出版のあるべき姿について」と題したシンポジウムが開かれた。パネリストの一人だった故安江良介・岩波書店社長は、金沢支局時代に何度か懇談していた。二年ぶりに会ったのだが、「若者の読書力が弱まり、高学歴者の読書量が減る傾向だ。一方、俗悪なメディアが人間の感受性や創造力を奪っている」と、出版界の現状を嘆いていた。この席に永井さんも来場していたそうだが、会うことができなかった。

永井さんは九六年十一月の『教育時報』に「地域連携と図書館の役割」と題して、こんな論文を寄稿していた。

いまだわが国の出版・流通が東京発地方行きの片道切符であったり、町村の七割は図書館のない「知的無医村」であったり、自ら学ぶ力や生きる力を育てる学校図書館のほとんどに司書が置かれてないことなど、地域の課題と貧しい現実が十分に認識されていない。メディアは多様化しても、ほんとの出会い（人と地域との本当の出会い、時間と空間を超えた精神文化である本との出会い）は、ますます希薄になってきている。

これより前、永井さんの問題意識は「本の学校」設立へ傾斜していた。その出発点は、地方紙に掲載された今井書店の創業百年の座談会だった。地元の作家をして「わが魂の糧となった泉、地方文化のタネまき権兵衛」と言わしめた書店の役割は、山陰文化の百年につながった。学校で使う教科書配布から生まれた書店だが、地域社会のなかに根づいて発展したのだった。

座談会の中で、永井さんは「いつの時代にも変わらぬ書店の文化的役割を再認識しなければならない。常に読者の希望を吸い上げて、著者と読者を一本に結んでいくのが理想です」（七二年十一月八日付『日本海新聞』）と話している。

永井さんはその年から実践運動に起ち上がった。三十年前の当時は市民図書館の無い後進県だった。住まいのある境港市表垣町の子供会や婦人会、自治会のメンバーと話し合って表垣児童文庫を開設させた。大半は永井さんが寄贈し、子供達が身近に本と出合う場にした。その後各地に児童文庫は広がった。文庫活動のモデルとして鳥取市に子ども図書室を誕生させた。「十年で役割を終えましたが、地域のお母さんや青年も運営に加わったのが大きい」。

読書離れに図書館整備

本を売るのが商売の永井さんにとって、無料で本を貸す文庫や図書館づくりは矛盾した行為だった。永井さんは「売るだけでなく、本にかかわる文化を知ってほしい。正しい図書館行政を実現することが、出版界全体の構造を是正し、やがては読書人口を増やすことになる」という持論だ。「読書離れの昨今、日本全体を巻き込んで新しい図書館づくりのブームを巻き起こすためにも、出版文化の発展が必要なんです」。永井さんのこうした信念は、「本の学校」を誕生させる基盤になった。

今や出版関係者なら知らない人はいない「本の学校」は、山陰に根を張る今井書店グループが、創業百二十周年記念事業として九五年にオープンした。三代目社長、今井兼文さんは書店人がその職能を認められ、日本の出版文化が栄えるには、ドイツのような書籍業学校が必要だと説いていた。大学卒業後から書店一筋、五代目社長となった永井さんは、兼文さんの遺志を生かし、その資産をもとに設立したのだ。ただ建物などのハードは資金があればできるが、運営などのソフトに苦労した。

ここでは大きく分けて三つの試みを続けている。その一つが職業教育。なかでも書籍業学校に触発された出版業界人研修事業だ。カウンターでの実務から製本、印刷の知識なども教えている。ここで学んで、家業を継ぐ決心をした二世も少なくないという。春の二週間にわたる基本教育講座と、秋冬の能力向上講座を実施。近年はホームページでの通信教育も試みている。

二つ目の柱は、聞く、語る、読む、書くという、人と人のきずなを深め精神の基礎体力を育む試みだ。読書推進や図書館などの読書環境整備のための研修や研究、さらに生涯読書をすすめる会を設けている。特に力を入れているのが、子供のために、自由に絵本を見られるコーナーや、読んで聞かせる「おはなしタイム」などの開催だ。

大山シンポに多彩な顔

三つ目は、目玉ともいうべき「大山緑陰シンポジウム」だ。地域から出版文化のあるべき姿を問う集中講座で、冬のスキー宿を活用しての二泊三日の夏季合宿だ。グーテンベルグ以来のメディア激変となった二十世紀末、五年間にわたって開催し、出版界、図書館、教育関係者、著者、読者ら延べ二千人が参加した。

第一回からのテーマは「揺らぐ出版文化」「豊かな読書環境をこう創る」「本と読書の未来」「二十一世紀の読者を探せ」「本で育むいのちの未来」。講師には岩波書店の安江社長や評論家の紀田順一郎氏ら、多彩な顔が招かれている。作家の井上ひさしさんの講演には市民約三百人が聴講した。その記録はすべて報告書にまとめられ、閲覧できる。この蓄積が目標に向かっての着実な歩みなのだ。

代表社員と名乗った永井伸和社長

永井さんは、単に出版文化だけにかかわってきたわけではない。「音の会」の代表を引き受け、県内の音楽家と愛好者との手づくりサロンコンサートを十年間にわたって二十八回も開催。また「米子をおもしろくしよう会」を結成し、ミニコミ紙「かわら版」を発行したり、「生ビールを飲み語る夕べ」を継続開催するなど、地域社会にしっかりネットワークを広げている。

「本の国体」から十五年後の〇二年、鳥取で初の国民文化祭で出版文化展がやっと日の目をみることになった。「メディア新世紀～本でひらく生命の未来～」がサブテーマ。環日本海出版文化シンポジウムをはじめ、理想の学校図書館の展示、出版文化史や電子出版などの展示、大山緑陰シンポジウムなどで構成されている。NIE（学校教育における新聞利用）運動とも連携し、朝日新聞社から新聞編集移動車アサコム号がひと役買う予定になっている。

そのプレイベントとして、〇一年七月、全国の学生や市民らを対象に「私の理想図書館」の絵画やイラスト、作文などを募集。また県民向けの「プレ夢フェスタとっとり出版文化展講座」などを開いた。「徐々に機運を盛り上げ、自分たちで作り上げていくという意識が大切です。未来を担う子供が数多く参加し、創造力が育てる土壌になればと考えています」。企画委員長の永井さんは国民文化祭に期待を寄せている。

鳥取県教育委員でもある永井さんは、学校図書館の充実による教育改革を力説する。校舎の片隅の暗いイメージから、メディア新時代にも対応した理想の図書館に一新するのは至難だが、出版文化展で、そのデザインを示せればと考えている。若い時代の読書推進こそ出版文化を支えていくとの信念からだ。

逆風でも失わぬ高い志

この十年間、永井さんの活動には目を見張るものがある。教育委員をはじめ鳥取環境大学理事、鳥取県ジゲおこしインターネット協議会副会長、NHK中国地方放送番組審議会委員など数十の役職にたずさわってきたほか、日本文芸家協会の「活字のたそがれか？　ネットワーク時代の言論と公共性」などのシンポジウムや講演を精力的にこなしている。こうした活動が評価され、個人として第十九回サントリー地域文化賞（九七年）を受賞し、「本の学校」活動はメセナ協議会の「メセナ大賞九九」の奨励賞に輝いた。

とはいえ出版を取り巻く環境は厳しい。「本の学校」は職業校としての在り方も模索されたが、私塾という形式を取っている。出版文化を総合的、中立的に考え、学校という非営利的な立場での取り組みには課題が多い。市民や行政、企業とのネットワークをどのように作り上げていくか。運営を維持するための資金をどうするか。出版文化の中心地、東京を離れての挑戦は多くのハンディもつきまとう。しかし永井さんはくじけない。「逆風ですが、地域に根づき、全国から注目を集めています。東京だといろんな思惑も絡み、東京を離れてこそ見えるものもあります。何とか苦境をしのいで乗り切りたい。継続は力になります」。

日本は世界でも有数の出版大国である。書籍と雑誌を合わせると、年間六万点を超す新刊が出され、総数は約六十億冊におよぶ。出版ラッシュどころか出版洪水だ。それなのにというか、それだからこそ活字離れが加速する。そして悪書が良書を駆逐する現状だ。さらにパソコンの普及で、インターネット注文が流通に変化を及ぼし、紙の媒体価値すら失わせようとしている。今後は電子書店が電子本を売る時代だ。かつてない出版界の危機状況の中で、永井さんの挑戦は、映像や電子メディアと共存していく方向を探る道と思われる。永井さんの多彩な活動は、高い志によって支えられている。

○二年一月、米子の旧市街にある一八七二年（明治五年）創業という本店に、永井さんを訪ねた。「今井書店」の古めかしい看板が当時をしのばせるが、そこはすでに書店としての役割を終え、店内は市民サロンとして開放されていた。その談話室で、永井さんは、これからの「夢」を語った。「これまで試みてきた方向性は間違っていない。本の学校をＮＰＯ化して、成熟させたい。還暦を迎えるこの秋、グループ各社をまとめる社長職を次の世代にバトンを渡し、より自由な立場で応援していくつもりだ」ときっぱり。

日本一人口の少ない過疎県から、二十一世紀の出版文化の実験を進めてきた永井さん。私は帰路、再び大山を仰ぎ、志賀直哉の『暗夜行路』を想い浮かべた。主人公の時任謙作が大山から見た感動的な夜明けは、暗い運命からの脱却を暗示していたように、永井さんの描く「本の夢」が、混迷の出版界の夜明けにつながってほしいと願わずにはおられなかった。

第四章　信念を貫く学究と実践

中野美代子

『西遊記』を蘇らせた女傑

孫悟空との対話は続く

本書を書くにあたって、中野美代子さんに「『西遊記』を蘇らせた女傑」の見出しを見せると「女傑はないでしょう」と、一蹴された。そこで女傑という言葉を『広辞苑』で引くと、「女子の傑物。男まさり。女丈夫」とある。中国文学者にして元国語審議会の委員である学者に楯突くつもりなど毛頭ないが、私の知るかぎり、そう不適切な言葉とは思えない。数々の妖怪とたわむれ、孫悟空が活躍する『西遊記』研究の第一人者で、次々と著書を発表するかたわら、「男よりも学問」とばかり独身を貫き、大酒飲みの中野さんは、私にとってやはり女傑なのだ。

中野美代子さんといえば、まず岩波文庫の『西遊記』の翻訳の業績があげられよう。小野忍氏が三巻を出して一九八〇年に急逝した。その三年後に後任訳者として中野さんが決まった。中野さんは「途方もない重荷であった。自分なりに立てていた仕事も大幅に見直さねばならなかった」と述懐する。さらに「天命はだれにもわからないが、死んではならない」と決意したという。『西遊記』の中で、地獄に行って自分の名前を寿命簿から消してしまった孫悟空の心境だったようだ。

そして一九八六年に四巻目を刊行してから十二年、九八年四月に十巻目を完訳した。小野氏が一巻を出してから二十一年になる大仕事だった。三蔵法師が七世紀に中国の長安を出発しインドの天竺まで三万キロの求法の旅に要した歳月は十七年だった。いかに途方もない仕事であったかが裏付けられよう。

「われ天竺に到達せり」

十六世紀末の明代に成立した『西遊記』になぜ魅せられたのか。「はちゃめちゃ、荒唐無稽、奇想天外な話の裏側に、綿密な計算と見事な論理構造がある」ことに着目したからだ。中野訳の魅力はくだけた解釈だ。漢文調の各章のタイトルと文中の詩を口語調に改め、小野訳を読みやすくした。「翻訳は最終的には日本語との勝負」と割り切っているが、言辞に尽くせぬ困難を伴ったことだろう。

とりわけ数多くの詩詞の中に薬草などものの名がちりばめられ、よく読むと隠された意味が浮かび上がってくるという。第八十六回に、樵夫の家で供された野菜を列挙したくだりでは、「謝蒿青蒿抱娘蒿」の一句がある。蒿はヨモギだが、ヨモギをいくら解釈しても解けないが、中国語で声調を変えて発音していると「謝好請好抱娘好」となり、悟空たちに助けられた樵夫が、お礼を言い、そのしるしに自宅に招き、家に着いておっ母さん(娘)に抱きついた、といった具合だ。

翻訳はさながら西天取経の旅だった。「最終巻を出したら私も天竺に行こう」と励みにしていたそうだが、その前年にインドに行く機会に恵まれた。しかし中野さんにとっては長い翻訳の仕事を終えた時こそが、「われ天竺に到達せり」との心境だったのではなかろうか。そんな

教授時代の中野美代子さん(1992年、北海道大学研究室で)

見出しの訳了余話を書きとどめている。

中野さんの女傑たるゆえんは、三蔵法師が苦難の長旅から帰国して後、さらに十八年もかけて千三百三十五巻もの経典を翻訳した忍耐強さと同様、小野氏の訳した『西遊記』の一〜三巻を翻訳し直すという。中野さんにとって改訂の旅はさらに続くのだ。「夢」は常に追い続けるものだという「夢追人」の生きざまに、私は共鳴する。

中野さんとの出会いは、前著『夢しごと　三蔵法師を伝えて』に詳しく書いた。私が担当していた特別展「西遊記のシルクロード　三蔵法師の道」の監修を引き受けてもらうためだった。展覧会の構成に「西遊記の世界」を組み入れることになり、お知恵拝借となったわけだ。九七年六月、私は孫悟空の軽妙さで北海道へ飛んだ。中野さんは前年に北海道大学教授を定年後、札幌に在住していた。暗中模索の状況だっただけに、何がなんでも口説き落とすつもりでいた。

中野さんは札幌に生まれ北大を卒業後、助手となり、一時オーストラリア国立大学の助手を経て、再び北大に復帰し文学部助教授、言語文化部教授の道をたどった。現在、北大名誉教授などという仰々しい肩書を持つが、初めて会った時からすっかり打ち解けた。肩書に似合わぬ小柄で庶民的な風貌をしていた。言葉を飾らぬ素朴な人柄だが、西遊記の話となると、さすがに立て板に水といった具合。次々と展示アイデアが飛び出してきた。

翌日には詳しい資料が郵送されてきたが、その手書きの字のきれいなこと。まるで活版の字を思わせた。さらに驚かされたのは図解付きだ。後で分かったのだが、高校時代に絵画部に所属し、絵の巧みさは同僚も舌を巻くほどの腕前だったとか。作品リスト案には、西天取経の絵画図「玉肌夫人」や「刻官板全像西遊記」、敦煌・楡林窟の壁画模写などが、その内容も含め分かりやすく説明してあった。

また中野さんは、泉州開元寺西塔第四層の「唐三蔵」と「梁武帝」の浮彫写真、「猴行者」の浮彫拓本などを所持しており、表装し直せば展示できるという。孫悟空のモデルともされるインドの叙事詩に見えるサルの英雄ハヌマーンの拓本、文献の類いにいたるまで列記されており、一気に展覧会構成の「西遊記の世界」が広がったのだった。

世界飛び回る女孫悟空

私は喉の渇いた砂漠で水にありつけた心境だった。孫悟空の神通力が効いたのか、と思いきや、中野さんは「ほかならぬ三蔵法師がテーマだけに、私にとって面白からぬはずはない」と、こちらの心配をよそに、初めから承諾の意向だったようだ。

特別展は、史実としての『大唐西域記』の足跡を基に、沿線の仏教遺跡の発掘物のほか、伝説化した『西遊記』の世界にかかわる出品もあり、きわめてユニークな展覧会となった。展覧会終了後、中野さんは「『西遊記』が生まれたのは、三蔵法師・玄奘没後九百年も後。テレビやマンガ、アニメなど様々な大衆文化に取り入れられたが、その経過を図像的な展示品で跡づけられたことに大きな意義があった」と、締めくくった。

とはいえ中野さんは展覧会の出品リスト作成に始まって、大阪での企画会議への出席、図録への執筆、講演会への出演と多忙をきわめた。女孫悟空とも思える活躍ぶりだったが、私の前著の出版パーティーにも、はるばる札幌から大阪にかけつけ「無茶苦茶な注文にこたえてきた被害者だった」と、本音をもらした。開宴中はグラスを片手にヤジを発し続けていた。しかし私には、慈愛に満ちた中野さんの心情がよく理解でき、愛する孫悟空に免じて、私の人づかいの荒さが許されたと受け取れた。

中野さんの活動は、もちろん西遊記の翻訳だけではない。論文を書けば、評論、エッセー、小説、戯曲と文筆グラウンドが広い。私が九八年に北京の故宮博物院を訪れた時に、副院長の机上には、北京に廃墟が残されている西洋庭園を巡るナゾを描いた小説『カスティリオーネの庭』（文藝春秋刊）が置かれてあった。中国でも一目置かれていることを目のあたりにした。

かつて北大の同僚で飲み友だちだった亡き大朝雄二教授が、『アエラ』の「現代の肖像」欄（一九九二年十月十三日号）で、中野評をずばりこう指摘している。「狭い枠をはめられるのが嫌いなんでしょう。女ばなれ、男ばなれ、そして孫悟空みたいに枠を超えて自由に飛び回っている」。

これまでオーストラリアで勤務していたのをはじめ、『西遊記』の生まれた中国には何度も、そして旧ソ連領中央アジアをはじめインド、カンボジア、ベトナム、タイ、インドネシア、イギリス、イタリアなどを駆け回っている。とりわけ八九年には、朝日新聞社とテレビ朝日が中国の協力を得て、シルクロードの十字路に消えた幻の王国・楼蘭に「日本学術文化訪問団」

（平山郁夫団長）を派遣した際、団員の一人として加わった。

朝日新聞社側の団員だった松村崇夫社会部員（当時企画第一部次長）は、私が金沢支局長時の富山支局長で、飲んだ時には、探検での武勇伝を語っていた。お互いに東京と大阪本社へ異動後、私もシルクロードにかかわることになると、彼がまとめた『はるかな楼蘭』（連合出版刊）を寄贈してくれた。

その著によると当初、『楼蘭』の作品もある作家の井上靖さんを予定していたが、直前に健康への配慮から断念した。中野さんはその代役だった。まず電話で伝えると、中野さんは「胸がワクワクしますよ」と、即断で応諾したという。松村君が札幌に説明に出向くと、「そんな方の身代わりとは光栄です」とまでいわれ、感激したと書かれている。松村君に当時のことを聞くと「とても楽しく、飲むと豪快な方で安心しました。女性なのでトイレをどうするのか気がかりだったが、そんなことは後になっての疑問でした」と語っている。

飯より好きなナゾ解き

中野さんは九三年一月から三月まで、ＮＨＫの「人間大学」の番組で計十二回にわたって講義した。中国民衆のスーパーヒーローの孫悟空がどのようにして生まれたのか。「孫悟空との対話」と題して『西遊記』の物語構造を多面的に語った。主人公・孫悟空たるサルについてのナゾ、三蔵法師の従者における史実との違い、どうして孫悟空が如意棒を持つようになったのか、など興味深く解説した。

その最終回で、中野さんは現存する最古の『西遊記』（中国・明代の世徳堂本）が生まれて四百年余りになり、数え切れない多くの世界の人々がこの小説に親しんできたが、まだ解読されないナゾが山積している、と指摘する。

三蔵法師を襲う受難の数が八十一難で、その最後が第九十九回の話になっており、それが「聖数九」に還元できるように計算されている。「『西遊記』を真に読むということは人間の民俗的想像力と物語創造力のもっとも根源的な、そしてもっとも普遍的なものを探りあてることになろう」と言及している。

中野さんはすでに訳書も含めるとゆうに四十冊を超す執筆をしている。と同時に、各国の文献を読みこなすのも並外れている、著書の一つで、一九八〇年（昭和五五年）度芸術選奨文部大臣新人賞を受けた『孫悟空の誕生――サル民話学と西遊記』（岩波現代文庫）を書くだけでも二百冊以上を読んだという。

西遊記のナゾ解きが飯よりも好きだが、もう一つ好きなものがお酒だろう。その飲み方は半端じゃない。時間をかけていつまでも続く。とりわけ若い女性を引き連れハシゴもする。大学教授時代からの習癖かもしれないが、いわゆる親分肌なのだ。

私ともこれまで北海道はもちろん大阪、東京、奈良、山口でも、杯やコップを交わす機会が多かったが、中野さんが酔っ払う前に私が酔っていた。奈良では深夜、私がホテルへの帰路、財布を落とし、大阪では三次会で文字通り午前三時まで飲んだが、酔いつぶれるのは私の方だ。

これも「女傑」たる証だ。

中野さんは、朝日新聞創刊百二十周年事業にかかわった縁で、朝日サンツアーズの敦煌やアンコールなどのツアーに同行講師をした。添乗した中川良子さんが女傑に気にいられたようだ。中川さんは「先生が奴隷数人連れて行くとおっしゃった。始めは何のことやら理解できなかったのですが、それが先生の教え子で助教授や講師をされていたり、大学院で研究されていた方々でした。それが旅行中に毎晩、奴隷の方が飲み会の準備をされ、先生が一般の参加者も誘われ、楽しい旅になりました」と、エピソードを披露する。

トリックの虚構の世界

また中野さんは二〇〇一年、薬師寺から三蔵法師・玄奘の骨を祀る玄奘三蔵院に平山郁夫画伯の壁画が奉納された記念すべき法要にも招かれ講演した。薬師寺では引き続き三蔵法師を顕彰することになり、東京でも「『西遊記』と仏教」と題して講演。この中で、中野さんは「西遊記は呉承恩の訳とされているが、複数の道教徒が訳した」と、元代における仏教と道教との対立などを説明。トリックの仕組まれた虚構の世界を紹介。そして「現段階での私の考えで、これからコロッとかわるかもしれない。私はそんなことへッチャラです」と結び、まだまだ研究の途上であることを強調した。

今は亡き大朝教授の言を、再び『アエラ』から抜粋させてもらう。「ただの騒々しいおばちゃんが『西遊記』に出会ってからは一皮も二皮もむけましたね。（中略）自由奔放でスケールが大きい。あの人を超える人はいない」と激賞するにいたった。

これから中野さんはいよいよ宿願の『西遊記』全訳（岩波書店刊）に挑む。酒席で、私が「完了するのは七十歳を過ぎてからですかね」と尋ねてみると、中野さんは「うーん、六十歳代にやるー」と言い切った。この長丁場の岩波書店の編集担当者は三人目だ。石川憲子さんは期待を込めてこう話している。

「八巻目のゲラを引き継いでから先生の担当になりました。九巻目まで二年余りかかりましたが、十巻目は五カ月足らずで刊行できました。先生はワープロを使わず手書きでしたが、活版刷りのような丁寧な字で、校正も楽でした。でも一冊分は二百字の用紙で二十センチもの高さになります。この何年間かは仕事を離れて海外の旅をご一緒したり、食事やお酒の機会も多くなりましたが、そばにいて楽しい人で、その魅力は語りつくせません。愛読者から中野訳で読みたい。私の生きている間にお願いします、といった便りが寄せられます」

「私にとって『西遊記』は、永遠に思索の快楽の園であり続けるだろう」。中野さんは著書の中でこう語っている。この人にとって、学問も「遊び」のようだ。当面の課題は、岩波文庫の一～三巻も含めた改訂であり、孫悟空との対話はまだまだ続くことだろう。

中西進

万葉集超え精神史へ洞察

クラシックCDずらり

読売文学賞（一九六四年）、日本学士院賞（七〇年）、和辻哲郎文化賞（九一年）、大佛次郎賞（九七年）、京都新聞文化賞（九八年）など数々の受賞に輝く中西進さん。万葉集研究の第一人者、中西さんを知って以来、大学者の書斎をのぞいて見たいと思い続けてきた。その念願がかない二〇〇二年二月、京都市西京区にある閑静な自宅を訪れる機会に恵まれた。めざす書斎は二階にあった。

大きな木製本棚に古書が並び、本が所狭しと積み上げられていると思いきや、いささか面食らった。スチール棚にはクラシックのCDが並び、書籍は当面の仕事に必要な本と辞書類だけ。机の片隅に「おやすみなさい」の色あせた紙が目にとまった。不慮の事故で亡くなった次女が小学生の時に書いたものだった。彼女が中西さんより先に寝る時、書斎で仕事をしている中西さんに声をかけることを遠慮して、部屋のドアに貼ってあったものだという。大佛次郎賞の

『源氏物語と白楽天』（岩波書店刊）もこの部屋から生み出されたという。私は学者としてより人間としての中西さんに親近感を覚えた。

九九年十二月、中西ご夫妻から一通の封書が届いた。「歳末を迎え一年をふりかえって、また悲しみを新たにしています」との書き出しだった。娘まやさんがその年九月十九日、ダイビングスタジオが主催する伊豆・伊東沖での講習参加中に、耳の痛みをハンドサインでインストラクターに伝えながら気づいてもらえず、海底に沈んでしまった。享年二十五だった。知らせを受けた中西さん夫妻の驚きと嘆きは、いかばかりであっただろうか。文面には「透明で穏やかな初秋の海だったと聞きました。同じような危険にあい、九死に一生をえた方の手記を読みますと、肺に水が入り、すーっと冷たく爽やかな気分になったとありました。娘も、せめてそのような一瞬でいてくれたであろうと思おうとしています」とあった。

時を経て〇一年十二月、新年を迎える挨拶状で「娘が逝き　二とせが過ぎました」との言葉の後、一句したためてあった。

ふり向けば秋潮鳴りの音ばかり

書斎棚に万葉集カード

私は中西さんの心情に思いを馳せつつ、書斎を探索させていただいた。机は成城大学の講師時代以来、四十年愛用している。もう一つ小型の補助机を備えていた。かたわらの棚には、テ

講義する中西進さん（1998年７月、広島女学院大学で）

ーマごとに資料袋が置かれてある。背後の本棚には、『万葉集』全二十巻、約四千五百首のカードが巻ごとに綴じられている。「成城大学の学生が作ってくれた苦心の作です。必要な時に抜き出して使うんです。とても重宝しています」と、説明していただいた。

書斎は機能的に整理され、当面のスケジュールのほか、講演日程や新聞、雑誌の連載原稿の締めきりなどが項目的に綴じられていた。中西さんはこの書斎で音楽を聴きながら思索し、毎日午前零時過ぎから三～四時間執筆している。時には徹夜になることもある。睡眠時間が四～五時間なのだが、迎えの車や新幹線、飛行機での移動中や休憩時間など、どこでも寝ることができるそうだ。現在の肩書は帝塚山学院長・理事長と奈良県立万葉文化館館長。このほか日本学術会議会員、全国大学国語国文学会代表理事、日本ペンクラブ理事、東アジア比較文化国際会議名誉会長を兼任する。〇二年に七十三歳になるが、健康上の心配はない。大阪・梅田の紀伊国屋書店で検索してみると、著書は百三十九を数えた。「学者かくあるべし」の典型をみる思いがする。

肝心の蔵書はいずこにと尋ねた。一階に十四畳程の書庫があり、床下を補強した床にはスライド式の本棚が並び、天井までぎっしり詰まっていた。「ここも手狭になってきましたが、おおよそどの本がどこに置いてあるかが分かります」。「なるほど、なるほど」とうなずきながら、その整理法を観察した。『万葉集』や『古事記』、『源氏物語』などの全集もずらり整っている。蔵書は現在の職場、前任の姫路市立文学館の書庫や自宅のガレージにも置いてあるとか。これで十分に納得できた。

私が中西さんを知ることになったのは、九五年五月に開かれた東京の有楽町朝日ホールでの東大寺文化講演会だった。朝日新聞社が後援していたため、私がその講師に映画監督の新藤兼人さんを紹介していたからだ。講師二人を招いての講演会だった。もう一人が中西さんで、演題は「聖武天皇の光と陰」。当時、国際日本文化研究センター（略称・日文研）教授を定年退官し、帝塚山学院大学の国際理解研究所所長に就任直後だった。多忙のせいか、その日の中西さんは三八度を超す高熱で体調がすぐれなかった。私の名刺を見て、大阪本社勤務だったこともあり、後日「お会いしましょう」とおっしゃった。そのころ全八巻の『万葉論集』（講談社刊）を出しておられ、私はぜひ再会し、懇談できればと思った。

ところが意外と早く、その機会が得られた。私は、帝塚山学院大学が毎年実施している論文募集にもかかわっていた。東京の講演から一カ月半後、大阪で国際理解研究所の講演会とレセプションがあり、中西さんにお目にかかったのだ。さらに一カ月後の七月には、学芸部の同僚も交えて会食をした。この年から朝日カルチャーセンターでの万葉集の講座を引き受けられていて、私の上司だった講座部長も加わり、楽しい語らいの場になった。中西さんがかつての教え子と大恋愛の末、再婚したことを聞いていただけに、さすが「万葉学者」はロマンチストだと感心したものだった。

俳句を愛した父の影響

「万葉学者」中西さんの活躍はすさまじい。この十数年、公職のかたわら三日に一度の割合で各地の講演会やシンポジウム、カルチャー講座をこなしてきた。さらに本の執筆をはじめテレビやラジオの出演、現在も新聞や雑誌に六本の連載をかかえている。一九九四年には皇居の宮殿で行われた新春恒例の歌会始の召人《めしうど》に選ばれた。とはいえ「万葉学者」一筋ではない。比較文化や古代史などを幅広く語れば、短歌や俳句も論じ実作もする。学会で地歩を固めたのが、万葉の作家や作品、主題などが中国文学から大きな影響を受けているとの研究で、日本学士院賞を受賞する『万葉集の比較文学的研究』（桜楓社刊）であり、大佛次郎賞の『源氏物語と白楽天』であった。

中西さんが文学の道を志したのは父の影響だという。孤児として育った父の唯一の趣味は俳句で、中西さんは三歳のころから、句会にも連れて行かれた。旧国鉄に勤めていた父が広島に転勤となり、小、中学の四年間を過ごした。「よく俳句の吟行に連れていかれましてね。そのころから、見様見真似で、私もたしなみ始めました」と懐かしむ。「私は国語が好きでしたが、中学のころまで成績が悪かった」という中西さんは、にもかかわらず文学好きになっていく。その父が突然脳溢血で倒れる。以後亡くなるまで一年半、全身不随が続き寝たきりとなった。その時の模様を『中西進　日本文化をよむ六』(小沢書店刊)に、「父の手」と題して書き留めている。

それでも当時は、多少右半身が動いた。うわごとのような音声も出た。ある日、しきりに何かを訴える父に、耳を近づけた母がやっと聞きとったことばは、タオルをくれ、というものだった。右手の指をかすかに震わせながら、父はそう言った。半信半疑のまま母がタオルをたたんで指の間に入れると、父はそれをしっかりと握りしめ、肘をまげて胸にあてた。(中略)

父にとって病床の孤独に耐え、死の恐怖と戦う、しかし音のない日々であった。傍目には意識があるのかどうかさえ、はっきりしなかったのだが、しかし父は、恐怖を他人に訴える手段すら失ったまま、せめてタオルを握りしめることによって、死の恐怖に抗おうとしたのである。父はタオルをもったまま、焼かれた。

父は、長男の中西さんに期待し、一度だけ東京大学法学部の受験を勧めたが、本人の文学部志望が強いと分かると二度と口にしなかった。国文学科に入学すると、「万葉学者」の久松潜一教授がいた。おおいに刺激を受け「この先生に卒業論文をみてもらいたい」。こうして中西さんの方向性が決まったのだった。大学院博士課程修了後は東京学芸大学助手として三年半過ごす。その後、成城、筑波両大学の教授を経て、八七年に日文研教授に転身したのだった。

梅原猛・初代所長に求められて設立準備会の委員に加わることになるが、有意義なトラバーユになった。「学問するために最高の環境でした。研究三昧の日々を過ごせた」という。加えて万葉集が詠まれた舞台が身近に数多くあったことも満足感を増した。少年のころ、薄田泣菫の「ああ大和にしあらましかば」を知った。この熱っぽい調子になじめなかった中西さんだが、その後、堀辰雄の『大和路・信濃路』、和辻哲郎の『古寺巡礼』、亀井勝一郎の『大和古寺風物誌』などを読み進め、日本の原郷としての大和を楽しむようになったのである。

柔和な表情の中西進さん

知の冒険で大佛次郎賞

朝日新聞社の主催する第二十四回大佛次郎賞を受けた『源氏物語と白楽天』では、『源氏物語』に数多く引用されている中国の詩人、白楽天の詩文の詳細な分析を通して、単なる恋愛物語でなく、人間の生を考える深い思想と宇宙観に裏打ちされていることを明らかにした。『万葉集の比較文学的研究』と同様、実証にもとづいた比較文学の手法で、万葉研究に軸足をおきながら、研究分野は広がる。この賞の第一回受賞者は梅原さんだ。中西さんは「先輩のすばらしい受賞作から、専門の発想の枠にしばられない、知の冒険を評価する賞だと思っていただけにうれしい」と語っている。

受賞の祝宴をと、何度かお話ししていたが、遠慮され実現したのは九八年九月になった。会場は、中西さんに絶好の場所を見つけていただいた。京都・下鴨神社近くで、かつて谷崎潤一郎が一年余住んだ潺湲亭《せんかんてい》だ。神社からの水が流れていて、その名前の由来になったとか。中西さん夫妻を囲み、私の先輩ら仲間四人でお祝いしたが、むしろ気を遣われたのが中西さんだった。「私の著作で、万葉集関連は半分ほど。これからも人際、学際、国際の三際感覚で研究を」との抱負を聞かせていただいた。

この年、朝日新聞社主催で開催された「三星堆《さんせいたい》——驚異の仮面王国展」が京都に巡回した際に、文化面に原稿を依頼することになった。この時も、私が出張先の広島のホテルにまで電話を入れ、お願いした。多忙を割いて、展覧会に足を運び寄稿していただいた。三千年以上前といわれる三星堆遺跡は、中国・長江上流の四川省にあり、一九八六年に発掘された。目玉が筒状に飛び出した巨大仮面などで世界的な話題になったが、実態は謎に包まれている。中西さんは発見された翌年、すでに現地を訪ねており、独自の視点から書き込んでいた。その一部はこんな文章だ。

三星堆の目は、おおむね伏し目である。ルオーがうなだれたキリストを描くのに似ている。何という敬虔《けいけん》さか。傲然《ごうぜん》と目をあげた悪漢がひとりもいないことに、三星堆人が高い精神性をもち、深く秩序を愛する人びとであることを、わたしは強く感じた。

帝塚山学院大学をいったん退いて、中西さんは九七年六月から大阪女子大学学長を引き受ける。この時、私の先輩記者のインタビューにこんな受け答えをしている。「自分でいうのもなんですが、私は根が善人。根回しや裏取引などの手腕はありませんが、女子教育の将来を真剣に考えるいい先生方が多いと引き継ぎをうけましたので」。四年の任期を終え、〇一年四月に退任した。その記念講義の案内をいただき出向いた。題目は「ローレン・ハリスのこと――文化における『北』について」だった。ハリス（一八八五―一九七〇）は、カナダの画家で「極北にて」の力作を遺している。

文学超え人間史を追求

この間、二〇〇〇年七月に、中西さんが長年取り組んでこられた歴史シンポジウムについて相談を受けた。「間もなく十年になるので、新たな展開を図りたい。運営を含めバックアップしてほしい」との内容だった。私は前年のシンポジウムを見聞していて、その内容の濃さや熱心な古代史ファンに注目していた。早速、文化メセナ事業として協賛してきた全日本空輸と協議して、〇一年以降のシンポを後援することになった。大阪女子大学の前任学長だった上田正昭・京都大学名誉教授との二枚看板に、テーマに沿った専門家や若手の研究者らを交えて構成。司会は朝日新聞社の天野幸弘編集委員が担当した。

〇二年一月は「遣唐使　海を渡った冒険者たち」をテーマに開かれ、約八百人が聴講。中西さんは、二十歳で唐へ渡り七十三歳で亡くなるまで帰国できなかった安倍仲麻呂を取り上げた。業績が目立たないのに歴史の中で光彩を放ったのは、中国の一流詩人と交友し、玄宗皇帝に用いられたためだ。そして「天の原ふりさけ見れば春日なる三笠の山に出でし月かも」の和歌で、強い望郷の念がドラマの主人公にしたと紹介。「歴史とは単に事柄の羅列ではなく、人間存在の流れを学ぶことです」と強調した。時にはユーモアをまじえ、わき出る言葉に感心しながら聞き入った。

中西さんはいつも笑顔がとても優しい。ところがその柔和な表情から辛辣な言葉が飛び出してくる。「近ごろの社会には尊敬の精神が失われてきました。他を尊重するから自分も成長できるんですがね」「学校では社会に出てすぐ役立つ実学が優先され、教養を求めて大学へ行かなくなりました」「文明の衝突が話題になっていますが、理と理がぶつかっている感じです。欧米の理に対し、アジアの情が武器になってほしい」。近年、一般的に万葉集が源氏ブームに押されがちだ。そうした中で、若手研究者の新説も発表され始めた。中西さんは「内向しがちな万葉研究に活力を与える動きです。学問は『学』になると面白くない。『論』が大切だと湯川秀樹さんがいっています」と歓迎している。あくまで挑戦的な研究スタイルだ。

中西さんの趣味は広い。マーラーを愛聴し、デルボーやビュッフェの絵画を買い求め、オペラにも関心を寄せる。一方で、ギリシャで学問の神様といわれるフクロウの飾り物を集める。リビングには子供の大きさほどのアカシアの一刀彫のフクロウが鎮座している。ソファでゆったりと、これからの課題を語った。「二十年ぐらい前から考えていて、断片的に話していることですが、『日本人の精神史』を全五巻でまとめたい。文学の背景にある人間史というべきものですか。心の奥行きや情も描きたい」。

傍らで亡くなった娘まやさんの肖像写真がほほ笑んでいた。

遠山正瑛

沙漠の緑化へ一筋の人生

百歳超えてもの心意気

「沙漠開発一筋、私は二筋は歩まない」。二〇〇二年末に九十六歳を数える遠山正瑛さんは開口一番、声を張り上げた。「やがて死ぬ日が近いが、今は死にたくても死なれない。一筋の道が大変な危機なんだ」「沙漠の神さん、アラーを怒らせた。アメリカがテロにテロで報復してもテロは終わらない」「百歳を超えても沙漠緑化の先頭に立つ。この私の屍《しかばね》を沙漠に埋めても、沙漠を緑化しアラーの神を慰めるんだ」。歯切れのいい言葉がポンポンと飛び出してくる。大阪で開かれたメンタルケアのスペシャリスト養成講座の講師として、遠山さんは約二百人を前に「人生九十五年一筋に生きて」と題して、一時間二十分にわたって、立ったまま手振りも交え力説した。

〇二年一月、十数年ぶりに会った遠山さんは健在そのもの。というより若い聴講者たちが、元気を分けていただく雰囲気だった。この朝六時に起床し、鳥取から一人でバスに乗ってやってきた。大阪の講演後すぐ上京、翌日は横浜で講演するという。ゆっくり慰労もできないまま、新幹線の新大阪まで見送った。お預かりしたカバンの重いこと。それもそのはず、数多くの本や資料にまじって、いくつもの石を持ち歩いているのだ。この日の講演でも石を見せながらひとくさり。「路傍の石でもいいんだよ。石と対話をしてみたらいい。私の書斎には石が何百もあります。これに語りかけていたら退屈しません。石から返事があり、心がいやされるよ」。

寝床の壁に中国の地図

タクシーの中でも好きなくわえたばこを絶やさず、「この通り手も足も大丈夫。目は新聞を読むのに不自由しない。ただ耳だけは遠くなってしまった。しかしその方がいいんだよ。世の中の雑音を聞かなくて済む。声が大きいのは昔からだが、これは健康にいい。何しろ広大な沙漠相手だから、まだ十年や二十年は頑張らなくては」。なるほど理にかなったことをおっしゃるものだと、感心することしきりだった。

その数日後、私は鳥取に出張する機会があったので自宅を訪ねた。一年の内、二百日以上を中国の沙漠で暮らす遠山さん。九十歳の奥さんは老人ホームに居て、いま一人暮らしで自炊をしている。私は紀州の梅干しを土産に持参した。玄関を入ると本がびっしり。居間の掘りごたつのすぐ側に万年床。壁には大きな中国全土の地図が掲げられている。寝ても覚めても沙漠緑化に想いを馳せ、「砂丘の父」といわれる明治生まれの気骨の老学者の日常に心打たれた。

大きく育ったポプラの木を見上げ笑顔の
遠山正瑛さん（中国オンカクバイにて）

遠山さんに出会ったのは八九年十月、私が朝日新聞鳥取支局長に着任して直後のこと。リュックを背負い登山帽姿の遠山さんは「支局長はいるかな」と訪ねて来た。名刺をみて驚いた。その姿が鳥取大学名誉教授の肩書に似つかわしくなかったからだ。ところが世間話もほどほどに「鳥取のシンボル砂丘は死にかかっている。その原因を人間がつくったのなら、人間が生き返らせなけりゃならん」。歯に衣着せぬ激しい口調で迫られた。

「浜坂の遠き砂丘の中にして　侘びしき我を見出でつるかな」

作家有島武郎は二三年（大正十二年）、鳥取砂丘に立って、遂に侘しき我を見いだし、同年六月九日軽井沢浄月庵で人妻秋子と情死する。鳥取砂丘を浮上させた彼の人生最後の山陰講演旅行での一首となった。

文学好きの私が有島さんの旅をしのび、初めて砂丘を訪れたのは大学生の時だった。友人と競い息せききって砂山を駆け登った。風の強い日だった。無数の足跡の間にうっすらと風紋が見える。眼下に目をやると夕陽に映える砂丘の広がり。遠くに目をやると日本海の海原が続く。雄大な自然を強く印象づけられた。

それから二十数年経っていた。遠山さんの言葉に刺激されたこともあって、砂丘高台の長者ヶ庭に立ってみた。日本海の青さが目にしみたが、陸地側に目を転じた時、保安林や草地の緑が目立ち、砂丘の広漠さが失われていた。学術文化財天然記念物で鳥取の代名詞ともいえる砂丘。その砂丘のイメージが変容してしまっては……との感慨を深めた。

鳥取砂丘の保存へ一石

その後も遠山さんは、予告なしに支局にふらっと現れては熱っぽく砂丘保存を訴えた。「砂丘は自然に生まれ、自然に育ってきた。しかし砂防林や砂防ダムが砂や風の動きを止め、呼吸を困難にしている」「補助金目当て役人行政、おんぶにだっこの県民性。保守的なお国柄も考え直さにゃならん。砂丘の自然保護と自然放任とを取り違えている〝寝たきり青年〟はいつになったら目覚めるのか。目覚めさせるのは老人の責務である」。そしてこう断言した。「このままでは鳥取砂丘は死ぬ」。

遠山さんは京都大学で園芸学を学び、戦後鳥取大学教授となり砂丘研究所を開設し、砂丘を実験場に野菜作りに成功。そして中国の黄河流域の黄土沙漠に、繁殖力のあるクズの種をまいて緑化する運動に取り組んでいた。その遠山さんがあえて砂丘保存を訴える言葉に、私の心は動かされた。

それではどうすれば砂丘を再生できるのか――。単に砂防林を伐採したり、草を根こそぎ除去すれば済む問題ではない。支局では論議を重ね、鳥取砂丘を九〇年の年間テーマとして取り上げることにした。「地球規模での沙漠化が課題になっている時に緑化が困るとは」「自然保護が叫ばれている時に人の手を加えるとは」……。砂丘保存には逆説的な問いかけがあった。そして何より二十一世紀まで残すところ十年になっていたこの時期に、「砂丘の明日」を考える材料を読者に提供しよう、との位置づけがなされた。

支局員のほとんどが入社して間もない記者だったが、「事件の少ない鳥取で、共通の仕事と思い出を残そう」と励ましあって、第十部まで回を重ねた。連載の第一部は「日本一の起伏」と題して総論的な問題提起をした。その後、観光の現状や砂丘にまつわる事件簿、砂丘を舞台にした文学や絵画、写真、マンガなど表現の世界、開拓者の闘いと夢……と多面的に取り上げた。しかし記者の目を通してとらえてきた砂丘について、県民はどう考えているのかの視点が必要に思えた。

その一環として「鳥取砂丘をめぐる県民意識調査」も実施した。六百人を抽出し四百九十六人から回答を得た。回収率は八三パーセント。その結果、「鳥取砂丘は県民の貴重な財産」が九一パーセント、しかしその姿について「昔と変わらない」がわずか二パーセント。砂丘保護について「県や地元の市、村が取り組んでいる」が二三パーセント、国は一一パーセントに過ぎなかった。県民の間にも、「保存対策が急務だ」の声の高まりを痛感した。

新聞の連載は最後にまとめて読まれることによって、問題提起の全体像が明確になる。連載時から「ぜひまとめて出版したい」と考えていた。その三年後、地方文化に理解のあった富士書店から刊行された。連載を抜粋したものに、当時の支局員の大村康久記者が新たに取材し直した。遠山さんの問題提起によって、私は県民の財産というより、国民的財産ともいえる砂丘の在り方を考える材料を提供できたと確信している。

「人生に休みなし」の教え

私が鳥取支局に着任する四年前、一人の女性が遠山さんと印象的な出会いをしていた。後に企画部に転任し、三蔵法師の旅したシルクロードのご縁で公私にわたって交際を深める薬師寺の安田暎胤副住職夫人の安田順惠さんだ。安田さんはシルクロードの歴史や地理に興味を持ち、中国にも何度も旅をし、八五年にホータンの招待所で開かれた民族舞踊の披露の場で偶然知り合った。その時、遠山さんから「タクラマカン沙漠を百年かけて緑にするんだ」という、とんでもない夢を聞かされた。

安田さんは帰国後、遠山さんの著述を読み、クズの種子を集め遠山さんに託した。八八年には所属する国際ソロプチミスト奈良主催で「シルクロードの過去と未来」と題した講演会を企画。過去の話は日本人で初めて楼蘭故城に足跡を残した平山郁夫さんに、未来の話は沙漠緑化に取り組む遠山さんに依頼した。さらにソロプチミストの緑化事業に加わり、自らも訪中の度に植樹奉仕を続けている。安田さんは「遠山さんとの出会いがなかったら、シルクロードの歴史に執着していたに過ぎません。沙漠緑化は地球の未来に希望を託す行為です」。私はまさに夢をつむぐ話として聞かせていただいた。

遠山さんは山梨県都留郡の富士山のふもとで自然いっぱいの地に生まれた。浄土真宗のお寺の六人兄弟の三男だった。小学二年の時、神奈川県横須賀市の祖父のもとに里子に出される。ここもお寺で、厳しくしつけ育てられる。小学校卒業後、実家に戻り実業補習学校農業科に入り、ナスやキュウリの作り方を習う。中学校は親戚から通うが、休みには友人の家でブドウ栽培を手伝う。二十一歳の二八年、仙台の第二高等学校に進み、寮で暮らしている二百人のために炊事幹事などをやる。こうして遠山さんは、幼少時から自給自足の基本が備わったのだ。

三一年、京都大学農学部に入学し、運命的ともいえる菊池秋雄教授に指導を仰ぐことになる。「君、農学を選んだ以上、人生には休みはありませんよ。植物は一日も休んでいない。休みが欲しいようなら農学はできません」。これが教授の教えだった。与える温度、土や水の工夫など植物の育て方から、ミカンや二十世紀ナシの植生調査など実践を学んだ。大学に助手として残り、和歌山県にあった亜熱帯植物園へ。そこで外務省文化事業部派遣の留学生として中国へ。中国語を勉強する傍ら、黄河流域で農耕調査し、初めて大陸の砂と向き合うことになる。ところが三七年に盧溝橋事件が勃発し、中国軍に監禁されるが、決死の脱出を図り帰国する。

四一年、菊池教授の指示で鳥取高等農林学校に転任する。湖山砂丘でアスパラガスやメロン、球根類の栽培を始めた。さらに浜坂砂丘の元陸軍演習地を借り、ナガイモ、ラッキョなどの畑作りに着手。四六年に鳥取大学が生まれ、教授になる。その後、浜坂砂丘に砂丘研究試験地ができ、発展的に鳥取大学農学部付属砂丘利用研究施設、略して「砂丘研」が発足する。アメリカの新聞で「砂丘で農業ができたら太陽が西から昇る」と取り上げられたが、東西十六キロ、南北二キロの鳥取砂丘の大半は、見事に畑地として生まれ変わったのである。

三十年近く在籍した鳥取大学を七二年に定年退官した遠山さんには、やるべき課題があった。かつて砂を握りしめた中国の沙漠開発だ。「沙漠の砂には生産力がある」と確信していたからだ。しかし日中戦争と国交の断絶は沙漠との再会を許さなかった。やがて国交樹立して待つこと七年、七九年にやっと時機が到来した。中国西域学術調査団に参加できたのだ。実に四十四年ぶり二度目の再訪だった。

「中国で沙漠緑化を」との思いは募る一方。遠山さんには体験も技術もあったが、肝心の資金がなかった。視察旅行から帰国して五年後、その熱意が通じたのか、八四年に第一次中国沙漠開発日本協力隊が結成され、隊長として赴く。この時七十八歳だった。二度にわたる訪中調査で、トングリ沙漠とトルファンでの緑化構想を描いた。こうして中国の沙漠の生産緑地化事業が動き始めた。

同じ夢追求する父と子

トングリ（騰格里）沙漠でのブドウ園造りを着手した遠山さんは黄土沙漠と呼んでいる地帯にクズを植え、黄土が黄河に流出するのを防ぐ事業に取りかかった。過去三千年に約二千回も繰り返している黄河の氾濫防止がねらいだ。課題はクズの種子をどうして集めるかだった。『朝日新聞』の「私の言い分」に掲載されたこともあって、全国から一トンを超える種子が集められた。八七年には沙漠開発日本協力隊の派遣は第六次を数えた。ただ持ち込んだ種子に害虫がいたり、実験圃場で育てたクズの苗を移植すると羊や山羊が残らずかじるというトラブルなどもあった。

思わぬ羊害事件で牧柵が必要になり、今度はポプラ植林計画を始めた。遠山さんはくじけなかった。夢はどこまでも一筋なのだ。九一年には日本沙漠緑化実践協会を設立、募金キャンペーンと緑化体験派遣隊を募った。反響は予想を上回り、学生から主婦、会社員らへ広がった。

この緑の協力隊は十一年間の活動で、内蒙古のモウス（毛烏素）沙漠などで三百三十五の協力隊延べ六千六百六十五人が三百万本を超える植林を実現した。今や遠山さんは中国でもっとも尊敬されている日本人の一人として、その偉業を顕彰する銅像が九九年、沙漠開発モデル地区のオンカクバイ（恩格貝）に建立されているほどだ。

遠山さんは私に、砂丘保存を訴えた時と変わらぬ口調で今後の抱負を語った。「中国国土の四三パーセントに九四パーセントの人が住んでいるんだ。カンペイだけの日中友好は駄目。実践があるのみだ」。「沙漠というと荒涼とした大地をイメージするだろうが、たくさんの資源があるんだ。地下には石炭や石油、天然ガスがあり、地上には太陽エネルギーとして活用するに十分な陽光が注いでいる。増え続ける人類の食料対策も地球規模で考えなければならん。二十一新世紀は沙漠の時代なんだよ」。

遠山さんは長男柾雄さんの名前を、きれいな木の模様である柾目の「柾」と恩師菊池秋雄教授の「雄」から付けたという。柾雄さんは鳥取大学環境地研究センター助教授になり、いま中国のほか、中東やメキシコなどで沙漠緑化に取り組んでいる。「私は一カ所に集中せず、中国では七カ所を手掛けるグリーンベルト作戦です。このため現地の労働力を最大限に活用し日本の技術力で補う手法を取っています」と柾雄さん。「もう父は先頭に立つのではなく、シンボル的な存在になればいい」と気遣う。父と子が、広い地球の上で同じ夢を追いかけているのだ。

遠山さんは〇二年春、果てしない沙漠緑化への夢を抱き、中国の大地にまたしても降り立つ。自分の心境をこんな詩に託している。

祈りから行へ——命ささげる男の詩

知恵ある人　知恵を出す　金のある人　金を出す
物のある人　物を出す　命ある人　命出す
四つが組んで　頑張れば　世界の沙漠は　緑化する
(中略)
沙漠に活きるきびしさは　人の世界と思えない
近代科学文明が　沙漠の人の貧困を　実践解放してあげる
世界に平和が　訪れる

加藤九祚

青年の志持ち発掘ロマン

八十歳過ぎて仏跡を掘る

半世紀経てなほシベリア想いつつ熱砂の下に仏跡掘る日々

この短歌は、二〇〇一年十一月に発行された加藤九祚一人雑誌『アイハヌム』（東海大学出版会刊）の「中央アジア雑感」に盛り込まれた一首だ。国立民族学博物館教授として活躍した加藤さんは、シベリア抑留生活の体験があり、六十五歳を過ぎて中央アジアの仏教遺跡の発掘に取り組み始めた希有な学者。シベリアやシルクロードに関する著書を多数出すなど数々の業績を上げ、九九年には南方熊楠賞を受けている。〇二年五月に傘寿を迎えた。しかし「ニュー・ツー・サイエンス」つまり「学問のために、新しいことをもたらす実践を」の言葉を信条に、なおも中央アジアの発掘にたずさわり、自分の骨を埋めてもの心意気だ。冒頭の一首に、その心情があふれている。

〇一年春、東京は新宿駅近くのビアホール。加藤さんは無類の酒好きで知られているが、こ

仏跡を旅する加藤九祚さん（2001年、インドにて）

の日は神妙な顔付きだった。ビールで乾杯をするや、思い詰めた口調で切り出した。「まもなく八十歳です。いつまで発掘ができるか分かりません。ウズベキスタンでの調査は来年で五年目になります。これまでの成果を発表する展覧会ができないものだろうか。応援していただいている人にも報告したいんです」。

私は九九年に「シルクロード　三蔵法師の道」の展覧会を開催し、ウズベキスタンからも出土品を借用していた。展覧会開催のためには会場探しや展示品の調査、輸送方法や資金の確保など課題が多く、協力への即答はできなかった。とはいえ地道な活動を続ける加藤さんの研究を応援するのは、文化メセナになる。シルクロードの仕事で加藤さんを知った私は、その生きざまに感動し、これまでの発掘物を日本で公開する夢をつむぎたいと思った。

シベリア抑留は「留学」

私が加藤さんと初めて会ったのは九七年六月、東京・四ツ谷の喫茶店だ。朝日新聞社が派遣する三蔵法師の道調査団の派遣を控え、中央アジアの情勢などについて相談に訪れたのだ。豊富な経験と人脈を持つ加藤さんから、受け入れ研究機関や現地での遺跡ガイドの紹介を約束していただくなど、丁寧な指導と有力な情報の提供を受けた。

その一カ月半後には、キルギスタンのクラスナヤレーチカの仏教遺跡の発掘現場で加藤さんと再会した。日中四〇度を超える暑さだ。私は調査団員の一人としてこの地に赴いたのだが、発掘した遺構や出土物を見せてもらった。加藤さんは自弁での研究だった。「ここでは一日一ドルで作業員が雇えるのですよ」。テントの中でスイカをごちそうになり、別れる際に加藤さんのおはこという『あざみの歌』を、みんなで歌った。この時、加藤さんは七十五歳だった。青年の志を失わない姿に、私は深く感銘を受け現地を後にした。

帰国後も加藤さんとのお付き合いは続いた。私が関わっていた㈶なら・シルクロード国際交流財団の主催する国際記念シンポジウムのパネリストになっていただいたり、朝日サンツアーズの「玄奘三蔵のシルクロードを行く」ツアーの同行講師も引き受けてもらった。さらには朝日新聞社が実施した学術調査の打ち上げパーティーや、私の前著の出版祝賀会にも、わざわざ東京からかけつけていただいた。スピーチとともに、例の「あざみの歌」も披露。加藤さんは律義な人で、急なお願いにも「いいですよ」の言葉が返ってきた。そして会うたびに、ライフワークとなっていた中央アジアの発掘についての熱き思いを伺った。

こうした加藤さんの旧ソ連邦下のフィールド活動には、四年八カ月に及んだシベリア抑留体験が密接につながっている。加藤さんは一九四五年、関東軍に配属され、満州東南部敦化で終戦を迎え、ソ連軍の捕虜として拘束生活を余儀なくされた。帰国後、上智大学を卒業し平凡社に勤務するかたわら、シベリアの歴史と文化の研究に専念する。国立民族学博物館に転じ、定年後に相愛大学、創価大学でシベリア・中央アジアの文化史の研究を重ねる。

人生にとってもっとも活動的といえる二十三歳から二十八歳にかけて抑留されたが、加藤さんはこれを「国費留学」と受け止め、逆に体験を生かそうと考えるようにしたという。厳しい条件は、弱者への思いやりなど、人間としての生き方にまで影響したといえる。加藤さんの『ユーラシア文明の旅』や『シルクロード文明の旅』（ともに中央公論社刊）などの旅行記は、加藤さんならではの人生観や文明観が貫かれている。

一人雑誌に託す心意気

加藤さんの戦後の活動はすさまじい。シベリア、中央アジアの考古学や民族学の研究に邁進した。著書は代表作の『シベリアの歴史』（紀伊国屋書店刊）をはじめ『シルクロード事典』（共著、芙蓉書房刊）など約二十冊にのぼり、訳書も『埋もれたシルクロード』（岩波書店刊）など二十冊を超える。とりわけソ連の探検家らを掘り起こし紹介した。ニコライ・ミハイロヴィチ・プルジェワリスキーもその一人だ。彼は中央アジア探検の途中、五十一歳で世を去る。

彼の業績は後世のスウェーデンのスウェン・ヘディンらに多大な影響を与えたが、加藤さんも深い感銘を受け「探検家プルジェワリスキーの生涯」と題する論文を書き、近著『シルクロードの大旅行家たち』（岩波書店刊）でも触れている。彼は中央アジア探検だけで九年以上、距離にして三万キロ以上を旅に過ごした。探検家になるため陸軍の士官になり、その最初の旅行記を自費出版する。文明をきらい、生涯独身を通し、ひたすら初志を貫いたという。

彼はいま、キルギスタンのイシク・クル湖畔に眠る。私は九七年と翌九八年にこの地を訪ねた。そこには記念碑が建てられ、「内陸アジアの自然の最初の探検家」と記されていた。プルジェワリスキーの生涯は、同じ中央アジアで遺跡の発掘や保存に情熱を傾ける加藤さんの人生に重なってくる思いがした。

二〇〇〇年初秋、朝日新聞社の資料室で、加藤さんが著した『天の蛇　ニコライ・ネフスキーの生涯』（河出書房刊）を見つけた。この本は朝日新聞社の第三回大佛次郎賞（七六年）に選ばれているが、絶版になっていた。ソ連の東洋学者ネフスキー（一八九二―一九三七）は、日本民族学関係の論文集『月と不死』（平凡社刊）を著し、柳田国男や折口信夫らも、功績を讃えている。

ネフスキーは十四年間に及ぶ日本滞在を終え二九年に帰国して、レニングラード大学教授、科学アカデミー通信会員となり、在日中に結婚した日本女性を迎えて研究生活に没頭していた。そんなある日、レニングラード内務人民委員会（後のＫＧＢ）の係官にスパイ容疑で逮捕され、国家反逆罪という汚名をかぶせられ、無実ながら夫妻ともに粛清されたのだった。しかしネフスキーは『月と不死』における若水をかぶった不死の蛇のように、逮捕後二十年、死後十二年もたって名誉挽回し、ソ連国民としての最高の栄誉とされるレーニン賞を贈られたのだった。

ネフスキーの生涯を調べようと思い立った動機について、はしがきに加藤さんは、こう書き留めている。「個人の意志ではどうすることもできない有為転変、さらには二十世紀前半の人類のかなりの部分が経験せざるをえなかった悲劇の一典型を見た」。加藤さんは九二年春、モスクワとペテルベルグの東洋学研究所で催されたネフスキー生誕百年の記念集会に招かれ、娘のエレーナさんが熱心に調べて書いたという「両親について」と題するタイプ原稿を受け取った。これを翻訳し『朝日新聞』でも一部発表しているが、そこには夫妻の最後の状況が生き生きと描かれていた。

加藤さんは冒頭の一人雑誌にも「ニコライ・ネフスキーの生涯をめぐって」と題して、獄中生活や、知られざる恋人（九十七歳で死去）とその娘のことなどについても言及している。最近のエレーナさんからの便りでは、二人のひ孫娘とも日本文化の研究に強い関心を寄せているという。加藤さんは単に伝記を書くにとどまらず、その後についても追求する姿勢を貫いている。私はこうした加藤さんの限りない学究精神と人間主義に心動かされる。

無私の熱意伝わり支援

北方ユーラシア民族学が専門の加藤さんは創価大学などの援助で、八九年から中央アジアで仏跡の発掘にかかわってきた。加藤さんはキルギスの発掘からウズベキスタンに戻り、テルメズにあるカラテパ遺跡で現地の学者と共同研究に取り組み始めた。この遺跡はロシアの考古学者らが調査をしていたが中断していた。カラテパはアフガンとの国境を流れるアムダリア川右岸岸辺のテルメズに所在し、仏教伝来ルートで西トルキスタン最大の寺院跡だった。

九七年二月、私はテルメズを旅した時に「加藤の家」と日本語で書かれた現地の留守宅を訪ねた。加藤さんと会う前だったが、腰のすわった取り組みに驚かされていた。九八年三月末、加藤さんはついにカラテパで十数メートルを超える方形の巨大なストゥーパを掘り当てた。四世紀前後に築造の主塔で、ここを通った三蔵法師も仰ぎ見た可能性が強い。

「今度ばかりは学界に貢献できそうだ」。加藤さんが今後の発掘に期待を込めて語ったのを思い出す。資料の乏しい中央アジアの仏教遺跡解明に大きく寄与、さらに周辺部の発掘調査の継続が望まれた。しかし退職後は援助してくれる企業や機関は見つからず、自費を投じやりくりするほかなかった。「親密なウズベク人学者からの声がかりでした。現地ではテルメズ二千五百年祭を控え、考古新発見への機運がありました。せっかく白羽の矢を立てられたのですから、このチャンスを生かさない訳には行きません。資金のことは二の次でした」と苦笑する。とはいうものの継続するには無理があった。

私は当時、「三蔵法師の道」をテーマにした仕事で、三蔵法師ゆかりの奈良の薬師寺に出入りしていた。加藤さんの苦境について心痛めていた安田暎胤副住職がある日、「薬師寺と縁の深い玄奘三蔵が旅した遺跡でもあり、発掘のお手伝いをすることを寺として決めました」との意向がもたらされた。資金集めのための後援会を作り、事務局を薬師寺に設置することになったのだ。私は、加藤さんの無私の熱意が薬師寺を動かしのだと、喜んだ。

九八年十一月、「テルメズ仏跡発掘調査後援会」が発足した。作家・井上靖の夫人ふみさんを会長に各界の有識者らが名を連ねた趣意書には、「カラテパ仏跡の発掘調査、保存の重要性および国際交流の意義を認識し、喜寿にしてなお不惜身命の情熱を傾けられる加藤九祚氏の活動を精神的、資金的に励まし支援することを目的とする」と記されてあった。加藤さんは「仏教の広がりを知る上で、重要な遺跡の調査に、余生のすべてをかけて取り組める」と感激していた。〇一年末までに約二千二百万円の募金を集め、発掘調査費にあてられている。

〇一年八月、古代史ゼミナール史学舎の招きで三日間にわたる加藤さんの特別講座が大阪でもたれた。この機会に薬師寺の加藤朝胤執事を交え、加藤さんから要請されたウズベキスタンの発掘展について話し合った。加藤執事は「募金は加藤さんの活動のための資金なので、それを取り崩してもいいでしょう。ぜひ来秋に実現しましょう。会場の一つに薬師寺宝物館をあてましょう」との方針を示した。それまでに私は福岡市博物館に打診をしていて、前向きな感触を得ていた。その夜は、加藤さんの笑顔を見ながら、おいしい酒を酌み交わすことができた。

日本で発掘成果紹介へ

ところが九月十一日、「歴史が変わる」といわれたニューヨークとワシントンで起こったアメリカでの同時多発テロ。この事件が加藤さんの「夢」を現実に引き戻してしまった。ウズベキスタンはアフガンの隣国に位置していたのだ。展覧会準備で出土品のあるタシケントとサマルカンド、そして発掘現場のテルメズに行く予定だった十月、アメリカの報復の空爆がアフガンで始まった。加藤さんの発掘している遺跡は軍事基地内にあり、タリバンと対峙しており、当然ながら立ち入り禁止地域となってしまった。

私も加藤さんに同行するつもりでいたが、外務省の海外危険情報で「危険度3」となり渡航延期勧告が出され、やむなく中止した。しかし居ても立ってもいられない加藤さんは、十一月に旅立った。テルメズには行けなかったものの、サマルカンドにある科学アカデミー考古研究所から、加藤さんの発掘品以外の出土品も含め百五点の展示品の内諾を得て、カラー写真も撮影してきたのだ。

〇一年十二月、私は加藤さんに同行して国際交流基金に展覧会開催の助成申請を出した。申請書は私が作成したが、「日本、ウズベキスタン両国の研究者が発掘中のカラテパは、クシャン時代の大規模な仏教遺跡です。この四年間の実績は、ソ連時代の三十年間を上回る成果をあげています。その出土品を日本で公開することは、中央アジアとの文化交流に大きな意義があります」と強調した。

考古学の重鎮である樋口隆康・京都大学名誉教授は「出土品の写真を見せてもらったが、女神像などは大理石をまねた石灰岩で、ギリシャの作風に近い。文明の十字路での貴重な発見だ。加藤さんの調査や公開に注目しています」と話している。

アフガン戦争は、心配された長期化が避けられた。加藤さんは自らの戦争体験から、人類文明の交流といった独自の歴史観を抱いている。「いつまでも緊張が続くことはありません。中央アジアとの文化交流は緒についたばかりです。日本は今後アフガンの復興に力を尽くすべきですが、まずアフガンと陸続きのウズベキスタンの発掘展を実現させたい」。加藤さんの不屈の執念に、私も奮い立つ思いだ。熱砂の下、シベリアでの捕虜を超えて発掘した成果は、〇二年秋に日本に渡ってくる。

第五章　心の世紀へメッセージ

山折哲雄

いのちと心を問う語りべ

蓮如の研究が出発点に

開口一番「私は遊牧民だね。決して農耕民ではない」。二〇〇二年二月、国際日本文化研究センター（略称・日文研）の所長室。訪問した私に、山折哲雄さんは自らの生き方を振り返った。「私は同じ所に定着しないんだな。五年が限度かな。唯一の例外がここ日文研だ。教授として七年半いたからね」。なるほど、山折さんの経歴をたどると、駒沢、東北両大学をはじめ国立歴史民俗博物館教授、日文研を経て白鳳女子短期大学学長、京都造形芸術大学大学院長などいずれも勤続は五年以内。なぜ日文研だけ、そして今度は三代目の所長として返り咲いたのか。「ここは居心地がいいんだ。それと梅原猛さんの存在が大きかった」。気さくな口調、あどけない笑顔の宗教学者はこう付け加えた。「自身への公約がまた延期になってしまった。四国への遍路があこがれなんですがね」。

自ら遊牧民と言ってはばからない山折さんは、移り気とはいえ、生い立ちからの歩み、学者としての道筋は一貫している。その人生を支えてくれた出会いがあった。その一人が日文研初代所長で、山折さんを呼び寄せた梅原さんだ。さらに人生の恩人と、人生の師がいた。

山折さんは父が浄土真宗の海外布教師だったため、米サンフランシスコに生まれた。長男なので岩手県花巻市にある寺を継ぐはずだった。しかしインド独立の父ガンジーの生き方に感動し、東北大学でインド哲学を学んだ。大学院に進み、上京後は数々の大学の講師に職を得る。昼は勤労者、夜は研究者の清貧生活の中で、蓮如の生きざまに興味を抱く。親鸞と異なり、生涯に五人の妻を得て十三男十四女をもうけた蓮如はおよそ純粋な宗教人とは隔たっているが、分かりやすい説法で農民に浸透した。『人間蓮如』（後に洋泉社刊）をまるごと描き、『思想の科学』に一挙掲載されたことが、学者としての出発点になる。寺は弟が継いだ。

インドの地で知る学問

研究の道を選択した山折さんだが、健康に不安材料を抱えていた。幼少時は小児ぜんそくにかかり、発作が起きると薬と注射づけだった。社会に出てからも無理がたたり、酒を飲み煙草を吸っていたこともあり、胃や十二指腸の潰瘍を患い入退院を繰り返した。大量の血を吐いて救急車で病院へ運び込まれたこともあった。この時は四カ月も入院し、講師の仕事も棒に振った。やっと回復したころ、春秋社の神田龍一社長が病院に訪ねて来て入社を勧めてくれた。職探しに悩んでいた時だけに感激したそうだ。

平成の語りべ山折哲雄さん

その最初の仕事が禅の思想家、市川白弦の『仏教者の戦争責任』の企画。次に手がけたのが、日蓮宗の藤井日達上人の『わが非暴力』の聞き書きだった。ところが藤井上人はインドに行ってしまい、その校正ができない。神田社長が「行ってこい」と出張を認めたのだった。その温情がうれしかった。大学時代、留学試験に落ちて行けなかった憧れのインドへ初めて乗り込むことができたのだ。山折さんにとって、神田社長は梅原さんと並び人生の恩人といえた。

そして人生の師が藤井上人だ。真夜中のカルカッタ空港。心細い山折さんの耳に、太鼓と「ナムミョウホーレンゲキョー」の響き。若い僧の出迎えを受け、夜汽車で十時間、仏舎利塔を建てているブバーネーシュバルに向かった。藤井上人は朝四時に置き、勤行《ごんぎょう》の後、建設現場へ。夜は説法の毎日で、校正どころではなかった。

今にしてみれば、「あえて私に生きた学問を教えたのでしょう。同時に宗教の力を知ることができました」と述懐する。

私が山折さんに出会ったのは、居心地のいい日文研を定年退職し、一九九八年開校の白鳳女子短期大学の学長に就任してからだ。忘れもしないその開学式に訪ねた。当時、私が取り組んでいたプロジェクト「シルクロード　三蔵法師の道」の一環で、国際シンポジウムの企画検討委員会委員長になっていただくためだった。祝賀会の間隙を縫っての依頼となったが、快諾を得た。

シンポは、なら・シルクロード博記念国際交流財団や日本ユネスコ協会連盟と共催し、九七年の「三蔵法師の風土と足跡」に続き、九九年に「三蔵法師その遺産と指針」をテーマに開催することが決まっていた。山折委員長の取りまとめで順調に具体化した。基調講演は日文研顧問の梅原さんに引き受けてもらった。九九年七月四日、奈良県文化会館で開かれ、梅原さんは「かつて東西文明の橋渡しをしたシルクロードを通じ、東アジアの思想を見つめ直すことが、今後の問題解決に示唆を与えてくれるだろう」と、淡々と提言した。

山折さんは公開討論会で「玄奘三蔵はシルクロードのみならずインド国内も歩き回る僧だった。巡礼は人と人、人と物の交流をスムーズにし、何より異文化、異民族を結びつけた」と発言した。三蔵法師は偉大な宗教家にとどまらず、異文化交流を実践した、志の高い巡礼者なのだ。私が創刊記念企画として三蔵法師を取り上げた意図と重なり合う発言だった。

麻原彰晃と対談し話題

国際シンポは、奈良に続き東京、博多でも開かれ、山折さんに私も同行し、懇談の機会が得られた。山折さんといえば、オウム真理教事件の三年前に麻原彰晃教祖と『別冊太陽』で対談していた。そして事件後『諸君』(九五年六月号)で、その犯罪を単なる反国家的、反社会的な逸脱行為といったとらえ方でなく、現代日本宗教の危機的な状況とその深部にメスをいれなければ、と主張していた。「オウム真理教による暴走と狂気の集団行動を、われわれ自身が生きているこの近代社会のなかにしっかり位置づけるとともに、われわれ自身が体験し通過してきた自己認識の内実を真剣に点検してみることではないか」と、結論づけていた。

私は山折さんの『宗教の行方』『いのちの旅』（いずれも現代書館刊）や『宗教の話』（朝日新聞社刊）『悩め人間よ』（ネスコ刊）などを読んでいたが、日本および日本人の宗教に懐疑的な姿勢がうかがえた。阪神・淡路大震災でも救援活動に集まったのはボランティアであり、心のケアに奔走したのは精神科医や各種カウンセラーたちで、宗教者の活動ではなかったと断じていた。そしてオウム信者たちの出家や断食の行為を無神論のまなざしで包囲していいものだろうかとも語っていた。私は三蔵法師の生きざまに触れる中、こうした山折さんの宗教感に共感を覚えた。

このシンポと連動し九九年に、奈良と山口の両県立美術館、東京都美術館で展覧会を開催した。会期中、山折さんに「私が見た逸品」の原稿を依頼した。逸品に崇福寺で見つかった国宝の舎利容器（近江神宮蔵）を取り上げていただいた。薬師寺に玄奘三蔵の舎利が伝えられているが「その起源は釈迦入滅のときにさかのぼる。釈迦の遺骨を分配し塔に祀った故事に由来するが、以来、この仏舎利はアジア各地に伝えられ、独自の仏舎利信仰を生む」と、記した原稿が寄せられた。山折さんは藤井上人のことを思い起こしながら書かれたのではと、感慨深かった。

シンポ、展覧会に学術調査、ツアーなどをからめたプロジェクトを終え、私はその記録を前著『夢しごと　三蔵法師を伝えて』にまとめた。二〇〇〇年末に開かれた出版記念会に、多忙な山折さんが駆けつけ祝辞までいただいた。「白鳥さんの口車に乗せられお付き合いしました。私にとっては夢地獄でした。私の故郷は花巻ですが、東北には白鳥伝説が数多い。そのルーツの名にふさわしく頑張って下さい」と、ユーモアたっぷりのスピーチだった。その洒脱な人柄が山折さんの魅力の一つと思えた。

夕焼けの歌に仏教思想

これより先九九年十一月、山折さんと同じ白鳳女子短期大学の教授で、かねてから知り合いの原田平作・愛媛県立美術館長からの要請で、「二十一世紀の宗教と哲学」の対談を応援することになった。対談は山折さんと、日本哲学会委員長の加藤尚武・京都大学教授で、京都の大谷ホールで催された。私は冒頭「本日の対談では、二人の碩学が宗教や哲学のワクを超え、その果たすべき役割や可能性を縦横無尽に話し合っていただきます」と挨拶をした。

この時の対談は一年後、『世紀を見抜く』（萌書房刊）として出版された。その中で、山折さんは「二十一世紀はますます、宗教と民族が世界の各地における紛争の火種になっていくでしょう。そもそも近代的な世界認識というのは、社会が近代化すればするほど宗教と民族の要因はしだいに制御され克服されていくという考えにもとづいていました。その我々の近代的な観念が今復讐を受けつつあるのです」と述べている。米でのテロ、そして報復のアフガン攻撃を暗示するような先見的な発言だった。

〇一年五月、同じ京都で芸術家の森村泰昌さんと対談した。森村さんの写真展「女優家M」にちなんで開かれた。山折さんは作務衣姿に番傘をさして登壇。マリリン・モンローなどに扮しセルフポートレートの新境地を示した森村さんにこんな注文をしていた。「いろんな肉体を演じる作業の最後は、キリストや仏陀ではないでしょうか」「性や暴力とともに、老いや死も作品のテーマにしてほしい」。山折さんは日文研の所長になる前日だった。私は楽屋を訪ね、お祝いに一冊の本を差し上げた。

山折さんは九八年に、神戸の阪神・淡路大震災復興支援館で「夕陽と日本人」と題した講演をした。その講演録を読んでみると、舞台女優の山本安英さんが亡くなる直前までに、『夕鶴』の主人公「つう」役を千三十七回演じたと紹介し、夕陽さんさん会で「私も夕陽の話を千回やる、と言ってしまった」と書かれてあった。夕陽といえば、私も前任の金沢支局長時代に夕陽写真コンテストの創設にかかわり、その十年間の優秀作品を集めて『日本海の夕陽』（東方出版刊）を編集した。お祝いに届けたのはこの本だった。

講演内容は、私にとって新鮮だった。山折さんはかつて韓国の仏教学者から、『夕焼け小焼け』（中村雨紅作詞）の歌詞に、仏教の根本思想が歌い込まれているとの指摘を受けていた。なぜ日本人は夕焼け空に感動するのか。そのかなたに死後の理想的な世界、浄土を思い描いているのではないか。それは意識の底に流れているものだという。そして歌詞に添って、次のような解説を展開したのだった。

一行目の「夕焼け小焼けで日が暮れて」は、東から太陽が昇り、西に沈んでいく日常の繰り返しに、歴史の深みを感じる。二行目の「山のお寺の鐘が鳴る」は、山から始まる仏教と、その鐘の音は人生の区切りを示す響きであり、無常の思想を伝えるメッセージとなっている。三行目の「おててつないで皆帰ろう」は、子供は親の元へ、大人も帰るべき所へ帰れとの意味だ。深読みすれば、帰らなければならない心の焦り、絶望感、悲しみ……といった重みだ。最後の「カラスと一緒に帰りましょう」は、帰るべき所に帰るのは人間だけじゃない。共生の思想といえるが、全てのものは命の終わる時がくるんだ。

私が夕陽写真コンテストを始めた動機の一つは、夕陽に郷愁とロマンを感じたことだった。そして過疎化の著しい日本海からの発信企画として取り上げたが、山折さんの夕陽論をもっと早く聞いていたならば、別の視点からの事業展開ができただろうと思った。

山折さんの講演は、山田洋次監督の『男はつらいよ』の寅さんシリーズには、必ず夕陽の場面が入っているとか、『夕鶴』という言葉は、作者の木下順二さんが、日本人の心の糧になるような美しい、深い意味を込めた題名だったという事例を挙げるなど名調子だった。この語り口調を聞けなかったのが残念だが、千回ならずも、次の夕陽の講演の機会を待ちたいものだ。

日課に雑念妄想の座禅

山折さんは、夕陽を通して日本人の心性を分析する一方で、美空ひばりの演歌を通して日本人の感性にも迫っている。もちろんひばりの大ファンで、自宅には全曲を収めたCDがそろっている。ひばりの生前には新宿コマ劇場や帝国劇場をはじめ地方劇場にも出向いて行った。ライトを浴びた姿に釈迦誕生仏をダブらせるぐらいだから相当なものだ。海外旅行にテープを持っていくほどで、夕食後や就寝前はひばり演歌でいやされるという。

『演歌と日本人』（PHP刊）の中で、こう書いている。「突然の啓示のように、美空ひばりの演歌とご詠歌が急に似た者同士の音楽のように思えてきた。ご詠歌の底に流れている哀調をおびた無常感は、美空ひばりの節回しの中にも流れているのではないか。演歌の心をたぐり寄せ、その源流をさかのぼっていくとご詠歌の岸辺に出るのではないか。そんな思いが喉もとをつきあげてきたのである」。

山折さんは毎朝、座禅を組むことを日課にしている。線香が燃え尽きて消えるまでの一時間。約二十五年前、永平寺で手ほどきを受けた。とはいえ「無念無想なんて一度もありえません。いつも雑念妄想なんですよ」。原稿のこと、食べ物のこと、仕事のこと、あいつにも会ってみたいな……。その朝のひとときは、「われ考える、ゆえにわれあり」といったデカルトの心境だそうだ。

毎年、正月に夫人と遺言を書き換えている。「生き残った方が旅に出かけた際、遺灰を山や海にまいてほしい」。ガンジーの遺骨は四八年、ガンジス河に流された。そして自身も一握散骨が願いだという。墓はいらない自然葬に共鳴していることもあって、お寺からの講演依頼はほとんどこないという。

山折さんは、日文研の所長就任にあたって、日本文明の研究を起ち上げた。異なる文明、宗教、民族の対立で幕開けた二十一世紀。いま共生への思想をどのように考えたらいいのか。私が行き詰まっている難題を投げかけてみた。山折さんの答えは明解だ。「多神教以前、一神教以前の宗教意識が大切ではないでしょうか。イスラム教もキリスト教もユダヤ教も存在しなかった時代、天地万物すべてのものに魂が宿っている信仰が存在したんです。私は万物生命教とでも呼びたい。地球が紛争や環境破壊で行き着くとこまできたら、そこに帰らざるをえないのではないでしょうか」。

私は日文研の所長室を後にするとき、山折さんこそ「平成の語りべ」だとの思いを強くした。

安達原玄

写仏を通じ祈りを生活に

独学で築いた仏画世界

青い空、白い雲、高原のさわやかな風が心地よく肌をなで、白樺林が続く。はるか富士山を望み、南アルプスの山々が連なり、八ヶ岳の懐に抱かれた山梨県清里。まさに大自然の一角に、仏画美術館があった。「仏画を通して仏や祈りを日常生活の中で身近に感じてもらいたい」という安達原玄（本名・秀子）館長の思いで、一九九五年四月八日に開館した。釈迦の誕生日だった。作品を売らない安達原さんは新作を展示する第二美術館構想を進めている。そこでは日本の仏教普及に多大な影響をもたらした三蔵法師も展示テーマにしたいとの思いだ。

私がこの仏画美術館を初めて訪れたのは九九年秋。当時、特別展「西遊記のシルクロード三蔵法師の道」を東京都美術館で開催中だった。展覧会が終われば、借用作品などを撤収し会場を空にしなければならない。作品は返却すればいいが、説明パネルや装飾物はすべて廃棄処分をすることになっていた。そんな時、仏画美術館から引き取り希望があり、私は現地の確認

天井も壁面も曼荼羅図でおおわれた安達原玄仏画美術館（2001年、山梨県清里にて）

と具体化のために赴いた。飛天が描かれた門をくぐると、入り口には二メートルの仏足石が富士山に向かって安置されていた。

館内には幻想的な音楽が流れ、香が焚かれ、季節ごとの草花がいたるところに飾られてあった。私も展覧会を企画する仕事柄、数多くの美術品を見てきたが、館内をおおう原寸大の仏画の数々に圧倒された。そして何より目を見張らせたのは、天井や床に置かれている四メートル四方にもおよぶ曼荼羅図だった。これらの超大作を描いたのが、ふくよかでおおらかな表情の安達原さんだった。私は「廃棄物」の安住先が見つかったとほっとすると同時に、主婦から一念発起し、女性では初めての仏画師といわれる安達原さんの生き方に興味を抱いた。

曼荼羅図に感嘆し写す

安達原さんは二九年、山梨市の笛吹川のほとりで六人姉弟の次女として生まれた。祖父が生糸工場を経営していたが、昭和の大恐慌のあおりで倒産。さらに幼少時、遊んでもらっていた女工さんから結核に感染し、一時隔離されて過ごした。父は家庭的な人ではなく、後に再婚する。人間不信が芽生えた青春時代だった。

気丈な母は女手で長女を女学校に行かせる。借金の取り立てにきた人が「女学校に行かせるくらいなら返金を」と迫ると、母は「借金は必ず返します。でも子供の教育は今でないと……」と懇願した。その熱意に心を打たれた借金取りは、証文を置いて帰った。母は三十二歳で亡くなった。死の床で「あなたたちを信じていますよ」との言葉を残し、『ローレライ』を口ずさみながら旅立った。末の弟は一歳と二カ月。安達原さんは十二歳だったが、母の生きざまを心に深く印した。

「人に頼るな」が、生前の母の教えで、自分自身で生きていかねばならないと自覚した。長姉と二人で妹弟の世話をしながら、女学校を卒業することができ、二十三歳で結婚した。嫁いだ三人の姉妹は協力し合って三人の弟たちを大学に行かせた。母の願いを引き継いだのだ。

やがて高度成長期に入り、設計技師だった安達原さんの夫は全国を飛び回っていた。生活のゆとりと自由時間がたっぷりできた安達原さんは、『平家物語』や『万葉集』など古典文学から老荘や孔子を読み、仏教書にたどりついた。深夜、一人で過ごしていると、次第に「生きるってどういうことか。自分とは何なのか」を考えるようになった。「生きるとは自分探しの旅」。安達原さんは自身の人生をこうして歩み出した。

そして始めたのが般若心経の写経だ。母の供養を願って千巻をめざしていたが、六百巻まで進めた頃から、合掌している自分の姿を描き写経で埋めるようになった。貧しく暗かった世の中を、母の教えで困難を乗り越えて築いた生活の安定。でも心の平安を実感できなかった安達原さんは当時を振り返って述懐する。「体を吹き抜ける木枯らしのような心の空しさはぬぐいきれなかった」。

そんな時、安達原さんが出合ったのが曼荼羅だった。五五年、三十歳の頃だ。単身赴任の夫に洗濯物を届けての帰路、京都の博物館で神護寺の「高尾曼荼羅」を見た。「ガーンと背筋を打たれたような衝撃が走った」。華麗で荘重、神秘な世界に触れた思いがした。「私と同じ人間の手が、この世を包括した宗教世界を、こんなすばらしい細密画を描いたのだ。人間不信や生きることへの不満な思いを抱いていた自分の小ささを痛感した」。安達原さんは感嘆するとともに「自らの手で曼荼羅を写すことで曼荼羅に描かれた真髄を体得することができるかもしれない」と決意したのだった。

古画こそ教師との教え

曼荼羅は、八〇四年に真言密教を学んだ空海が帰朝の時に持ち帰ったと伝えられる。諸仏、菩薩、神々を網羅し、悟りの世界や仏教の哲理を図解したもの。難しい経文だけでは理解がかなわない部分を図の助けを借りて布教に役立てようと意図されたのであろう。ところが、寺院の本堂内陣の奥深く仏像の背後に掛けられており、拝観者にもよく見えない。時折、仏教美術展などで見ることができるが、作品の保護のため照明が落とされつぶさに観察できない代物だ。

「西遊記のシルクロード　三蔵法師の道」展では、当麻寺に伝わる国宝の「当麻曼荼羅」の借用が実現しなかったものの、薬師寺、興福寺、法隆寺から「法相曼荼羅」を借りることができた。法相宗の本尊である弥勒菩薩を中心に玄奘三蔵や慈覚大師などが描かれている。私は借用や展示の際に、間近に見る機会を得たが、見れば見るほど、深遠な世界に引き込まれる感じがした。

曼荼羅の世界に魅せられたからといって、それを描くとなると至難なことだ。安達原さんは絵画の知識は全くなかった。図書館や古書店を巡り、文献や資料探しから始めた。京都や奈良のお寺や美術館に何度も通った。原図を手に入れ、ドイツ製のコンパスを取り寄せた。描いては消し、消しては描き、毎日毎日デッサンした。一方で、仏画を描くとなると、仏教の教えも学ばなくてはならなかった。紙は、筆は、金泥の溶き方は、何もかも試行錯誤の連続だった。

こうして十年の歳月をかけ「高尾曼荼羅」は仕上がった。原寸大の完成品は、いま仏画美術館の天井に納まっている。

この間、師匠を求め、仏画復元の第一人者だった宮原柳僊氏を訪ねた。氏は高齢で弟子を取ることを固辞したが、独習した安達原さんの作品を見て「あなたは仏画を描くように生まれてたんだね」と言い、師事することを許した。といっても手ほどきを受けるといった訳ではなく、お話を伺うことだった。その教えはこうだ。「日本には古い良い仏画がたくさんあります。博物館や美術館に展示された中で、この仏画と見定めたら、時間をかけて細部まで学びなさい。古画をおいて他に教師はありません」

私が安達原さんの名前を知ったのは、九七年にさかのぼる。なら・シルクロード博記念国際交流財団が主催した「玄奘三蔵のシルクロードを行く」のツアーで、安達原さんの妹である岩本喜代子さんから聞かされていた。身近にいて、その歩みを見守ってきた岩本さんにとって姉の仏画は誇りだったのであろう。旅行中何度か「清里へ来て下さい」との誘いを受けていた。

私は〇一年、夏休みで霧ヶ峰に行った際に再度立ち寄った。特別企画展として、山梨の写仏教室の教え子たちが描いた「玄奘三蔵法師求法の道」が開かれていたからだ。九九年の特別展の時に使った写真パネルや年譜なども活用されてあった。この日は名古屋からも写仏生が多数、バスで来観していた。

写経には古い歴史があるが、写仏という言葉は辞書にない。安達原さんが使い始めた写仏とは、仏の姿を絵筆を使って写すことだが、仏の心や教えを筆や紙などを使って、自身の慈悲心に移す、いわば祈りの「行」だという。「できれば筆をとる前に心身を清め、花を供え、香を焚き、合掌してから始めていただきたい」。これが安達原流の「写仏のすすめ」だ。安達原さんの話には、独学で実践してきた重みがある。

日常の中に祈りと感謝

十年かけて曼荼羅を描き上げた頃には、知らず知らず、手が体が心が写仏を覚え込んでいた。不動明王、菩薩、観音、飛天……。次々と作品が生み出された。眠ることも忘れ一心不乱に描いていると、筆の先に紫色の雲が漂うような錯覚もあり、自然に運筆がなめらかになった体験もあったという。

写仏のスケッチをする安達原玄さん（2002年、清里のアトリエで）

美術館を開設するまで川崎市に住んでいたが、自宅に訪ねて来た市役所文化課の職員が、「自分だけの祈りのために描くのは傲慢だ。祈りを繋ぐためにも、あなたの仏画を広く市民に見てもらいましょう」と、展示会の企画を持ち込んできたのだった。七九年に川崎市民ギャラリーで

「仏教美術曼荼羅展」を開催すると、大きな反響を呼んだ。

こうして「祈り仏画展」は、出身地の山梨県立美術館をはじめ岡山、鳥取、東京・渋谷、高知、横浜、高崎などで毎年のように開かれた。海外でも八〇年に川崎市文化使節としてアメリカで仏画指導してからは、イギリス、フランス、ベルギーなどを巡回した。世界を知ることも大いに勉強になった。

鑑賞した主婦らから「ぜひ仏画を習いたい」との声が相次いだ。東京・銀座で写仏教室を開いたのに続き、自宅隣接地に建てていたアパートでも開設。各所のカルチャーセンターから相次いで講師の要請があり、写仏教室は最盛期二十カ所を数えた。一時期、門下生が二千人を超え、月に二十五日間も教える忙しさだった。

このため制作はもっぱら深夜になり睡眠時間がわずか三時間の日々が続いたそうだ。こんな多忙の中、ほぼ五メートル四方の胎蔵界曼荼羅、四メートル四方の金剛界曼荼羅など彩色の大作も制作。八八年には縦百八十五センチ、横百六十センチの「涅槃図」の紺紙金泥屏風一双、金官出現図三メートル二十センチも完成、新境地を開いた。これらに加え仏画美術館には、天井画「華厳経絵」や紙本彩色の「五大明王」「大日如来」「普賢菩薩」などが、整然と飾られている。

映画シーンの中で使いたいとの依頼も相次いだ。熊井啓監督の『天平の甍』(八〇年)では遣唐使の船の鉾先に曼荼羅を、黒沢明監督の『乱』(八五年)では阿弥陀如来像の掛け軸を描いた。富士山麓のロケ地で黒沢監督に会うと、「ご主人にも来てほしかったといわれた」。「玄という名前は男性と思ったのでしょう」。安達原さんは、懐かしいエピソードを語った。

釈迦の生まれたインドへ十数回、ネパールやチベット、中国、韓国、タイ、ベトナムなどへ旅を重ねた。各地の歴史を秘めた仏教遺跡が目的だった。インドでは広大な大地に沈む夕日の中を、古い塔にロウソクの火を灯す古老たち、頭に水瓶を乗せて行く娘さんの姿に、仏の道につながる原風景を見た思いで、遠い昔どこかに置き忘れた自分を取り戻した。

「日常の中に祈りと感謝を」。安達原さんの目は社会に注がれる。八一年には戦災犠牲者の鎮魂と平和への願いを込め、「大日如来」を描き、広島市に寄贈した。一人一仏の「万人が描く曼荼羅運動」を提唱し、八五年には写仏教室の生徒らの仏画展が川崎で開かれ、市民ら千八百三十八人の筆が入った。〇一年には清里の美術館で、知的障害者らの仏画展を開いた。「障害は個性であり、祈る心は普遍です」という安達原さんの言葉どおり、個性豊かな作品が並んだ。

若者も訪れ瞑想の場に

専門家しか手がけなかった仏画を、形にとらわれず一般人にも広めようと、安達原さんは本の執筆にも精力的だ。わが国で初めての『写仏下絵図像集』（一～五巻）を出したのをはじめ『写仏のすすめ』『写仏教室』『一日一佛』『写仏巡礼四国八十八所』『写仏三十三観音』『日常仏百態』（いずれも日貿出版刊）など十冊に及ぶ。画文集『仏のはがき絵　喜びも悲しみも』（日貿出版刊）には、つれづれなるままに思い描いたはがきに好きな言葉が添えられている。表紙絵には「ありがとう　そんな人生でありたい」と綴られ、あとがきに安達原さんのこんな言葉が書かれている。

仏陀の愁いは果てしなく
仏陀の言葉は永遠に失われず
世は無常でありますが
幾千万、幾億万のすべての人々が
安らかな平安でありますように……

〇一年秋、私はまた清里に出向いた。清里はアメリカ人のポール・ラッシュ博士が「食料、健康、信仰、希望」の四つの理念を掲げて開拓した理想郷だ。その拠点となった清泉寮に二泊し、富士山を仰ぎ見て仏画美術館のいやしの空間に身を置いた。安達原さんの話を聞き、作品を見ていると、「人間何事も成せば成る」との感慨に浸ってくる。

「曼荼羅は人間の心のイラスト図です。ここを訪れた人に自分自身の御仏と会話してほしい」。ラッシュ博士の精神の宿る地に、私営美術館を建設することは安達原さんにとって大きな夢だった。安達原さんは写仏普及の拠点として文化活動も積極的に取り入れた。これまでに横笛演奏者や現代音楽家を招いてのコンサートや、チベット宗教画の絵師の講演、天台宗声明などのイベントも展開している。

安達原さんのそばで、家事や事務の手伝いを二十四年間もしてきた牛木シズ枝さんは「私にとって母代わり、姉代わりのような方です」と前置き。「ここまでの歩みは並大抵ではありません。仏様を描いているせいか、ご加護があるのでしょう。胃がんの手術をした私まで経過がいいんですよ」と話した。安達原さんは何人もの戦災孤児の面倒を見たこともあって、忙しい時には手伝いに飛んでくるそうだ。

美術館を運営、維持していく苦労も大変だろうが、思いがけない喜びもあった。「ナナハンやハーレーに乗った若者がふらっと来て、座禅を組んで瞑想していることもあるんですよ」。安達原さんは屈託がない。そして来場者の感想ノートに「とても落ち着いていやされました」「生きる勇気がわいてきました」といった文章を見つけると、苦労も吹っ飛んでしまうという。

ある日、安達原さんにお礼の電話をした。「教え子たちが、刑務所を仮出所し保護監察下の人に写仏を教えたらとても好評で、また指導に行くことになったそうです」。弾む声の向こうの安達原さんの笑顔が見えるようであった。私が次に清里を訪れる時にはどんな話を聞かせてもらえるのだろうか。

年が明け〇二年には、中将姫が一夜にして蓮の糸で織ったと伝えられている浄土の世界を極彩色で四メートル六十センチもの大きさの下図制作を終えた。やがて誰もが迎える老いや死を安らかにとの願いを込めて、浄土曼荼羅を仕上げたいと意気込んでいる。広く深く着実な歩みを続ける安達原さんにとって、第二美術館建設実現もそう遠い日ではないだろう。

安田暎胤

「不東」不屈の玄奘を顕彰

写経で白鳳伽藍を復興

三蔵法師・玄奘の命日、その日を選んで一つのパーティーが開かれた。法相宗大本山・薬師寺の安田暎胤副住職が著した『玄奘三蔵のシルクロード』（東方出版刊）のシリーズ完結を記念した出版祝賀会だった。二〇〇二年二月五日、大阪・上本町の都ホテルで開かれ、奈良県知事はじめ約五百五十人が出席した。「薬師寺は、お写経によって伽藍の再興を進めております。その一角に玄奘三蔵院が建設され、二〇〇〇年の大晦日に平山郁夫画伯の壁画も奉納されました。法相宗の始祖であられる玄奘三蔵を顕彰する責任を痛感しております。このつたない本がお役に立てればと願うばかりです」と、安田さんはお礼の挨拶をされた。四冊合わせ延べ八百頁にのぼる労作となったが、この執筆を勧めたのが私だった。会場の進行係を買って出た私の脳裏に、安田さんと同行した中国やインドの旅の思い出がよぎった。そして取経の目的が達成するまで東方に戻らないという玄奘の「不東」精神が、安田さんの四年にわたった執筆の意志

大慈恩寺の大雁塔の前で増勤住職（右）と
安田暎胤さん（1997年、西安にて）

を支えてきたとの思いがした。

玄奘三蔵の旅を旅しよう――。㈶なら・シルクロード博記念国際交流財団（略称、なら・シルク財団）では、九七年から四年がかりでツアーを実施した。毎回百人規模の参加者があり、安田さんがすべてに随行した。当時、朝日新聞社では九九年の創刊百二十周年に向けた記念企画に「三蔵法師の道」プロジェクトが採用された。なら・シルク財団と共催し隔年で国際シンポジウムを実施していたこともあって、ツアーもその関連企画になった。企画立案にかかわった私は、安田さんに、玄奘の道の手引書として執筆を進言した。

『玄奘三蔵のシルクロード』は、中国、中央アジア、ガンダーラ、そしてインドと旅を終えるごとに順次発刊された。安田さんはすでに玄奘の歩いた求法の道を幾度となくたどっており、豊富な体験を踏まえ再構成した。この間、高田好胤管長の遷化《せんげ》に伴い、執事長から副住職になられたが、伽藍再興など多忙なスケジュールの中、時にはホテルに立て籠っての執筆となった。私自身「余分な仕事を押し付けたものだ」と反省もしたが、書き終えた安田さんは「おかげで『大唐西域記』や『大唐大慈恩寺三蔵法師伝』を今までよりも熟読することができました」と感謝された。

「外助の功」と二人三脚

執筆を勧めた私は、一冊目の中国編に加えて、最終巻のインド編にも序文を要請され、その結びに次のような一文を書かせていただいた。

アジアの世紀といわれ、地球市民の時代といわれています二十一世紀は、アメリカでの同時多発テロ、それに続くアフガニスタンでの戦争で幕開けてしまいました。歴史に興亡がつきものですが、玄奘は時代を超えて通じる次代へのメッセージを発信し続けているのです。「歴史の進歩とは何か」。本書を道案内に、新しい世紀の指針を探ろうではありませんか。

全巻とも写真を担当されたのが、安田暎胤さんの夫人、順恵さんだ。国際ソロプチミストの活動をはじめ、楼蘭と尼雅《ニヤ》遺跡の二カ所を踏破した初の日本女性でもありとても行動派だ。近年は母校の奈良女子大学の大学院に社会人入学し、修士を終え博士課程に進み、玄奘三蔵の取経ルートの研究を重ねる研究者となりつつある。ツアーには毎回、百本以上のフイルムを持ち込んでの奮闘ぶりだった。祝賀会で浄土宗宗務総長の水谷幸生さんは「安田さんは長年、高田住職を支えた名執事長でしたが、その暎胤さんを支えた夫人に『外助の功』がありました」と、ジョークを交え祝辞を述べた。

私が安田さんと面識を得たのは九六年四月のこと。「三蔵法師の道」プロジェクトを進めるためには、ゆかりの薬師寺の協力が欠かせなかった。当時執事長だった安田さんは、朝日新聞嫌いの高田管長の意向もあって好意的とはいえなかった。しかし、テーマが、玄奘三蔵だっただけに、協力していただけることが約束された。こうして九七年二月、安田夫妻や、当時のなら・シルク財団の西山徹事業課長らに同行し、私は初めてシルクロードに足を踏み入れた。十日間の旅だったが、安田さんと道中をご一緒し、様々なお話を伺うことができた。

安田さんは朝四時に起き、NHKラジオの「心の時代」を聞きながら、真向法《まっこうほう》やヨガの柔軟体操の後、金堂はじめ寺内の諸堂を巡拝するのが日課だが、旅先の一日も、朝は体操と、般若心経や唯識三十頌《ゆいしきさんじゅうじゅ》などの読経から始まる。食事の前には感謝の言葉を述べ、仏跡ではお経を唱える安田さんとの旅の日々、平穏無事であることのありがたさを思った。中央アジアのタシケントでは日本人墓地を回って線香を上げ、墓守に施しをする光景に、さわやかさを覚えた。長距離バスの中では、夫人のことにも話が及んだ。「更年期には手も足も動かないひどい時期がありました。中国の気功が効いたのか良くなりました。それ以降はできるだけ自由に活動するのを見守っています」。順恵さんの遅咲きの活動はこうした安田さんの理解によるものと思われる。説法でなくこうした穏やかな日常会話の中に、人間味を感じた。

幅広い人脈で育む実績

その後、ご夫妻とは公私にわたるお付き合いとなった。私にとって「玄奘三蔵が引き合わせてくれたご縁」のようにさえ思える。安田夫妻はそれぞれ幅広い人脈を持っていた。ご縁がご縁を結び、幾人ものすばらしい出会いの機会を与えて下さった。その一人に奈良教育大学名誉教授で美学者の寺尾勇さんがいる。九八年に、ご夫妻に伴われて寺尾さんの自宅を訪問し、安田さんから寺尾さんとの出会いを聞かせていただいた。

すでに四半世紀も前の話だが、二人は対立する立場にあった。六六年に古都保存法が成立し、薬師寺はその特別保存地区に指定された。七五年当時、金堂復興に続いて西塔の復元建立が俎《そ》上《じょう》に上っていた。要するに西塔の復興によって生じる風致の問題と、基礎工事で杭を打つことに伴う史跡破壊が論議を呼んだ。三十代の若き執事長の安田さんは、歴史的風土保存を唱え猛反対の急先鋒だった寺尾さん宅へ説得に乗り込んだ。会議を通じ、寺尾さんは話せば分かる人だと直感したからだという。

「寺は観光名所だけではなく、生きた宗教活動の場所である」。本来の宗教家の使命を訴えながら「創建千三百年の薬師寺に西塔を再興し、千三百年先を見ていただけないだろうか」。安田さんの熱っぽい訴えに、寺尾さんは「諸手を挙げて賛成します」と約束したのだった。親子ほどの年齢差があったが、寺尾さんは「もっと早く、あなたに会っておけば良かった」と話したそうだ。それ以来、二人の友情が続いている。

その夜、私はフランス料理のナイフを止め、薬師寺伽藍再興秘話に耳を傾けた。寺尾さんはその時九十歳。『ほろびゆく大和』『大和古寺心景』（いずれも創元社刊）『飛鳥の里』（朝日新聞社刊）など数々の名著を出し、一貫して大和の美を訴え続けた老学者は、自らを風来坊と名乗る。「風は道を歩かない　歩いたあとが道になる」。さすが美学者だけに言葉に無駄がない。夢を追う私にとっては、お手本のような人生だ。九十二歳で著した『大和古寺幻想』（東方出版刊）の出版祝賀会に招かれた。「私は自然に滅びゆく美を愛しています。でもこのあたりでロマンの旗を降ろすことにしました」。寂しいが印象に残る挨拶だった。同席していた安田さんはどんな感慨を抱いたであろうか。

安田さんは三八年に岐阜市のお寺に生まれた。玄奘三蔵は十三歳の時に仏門に入ったが、安田さんも十二歳（数え十三歳）で出家し薬師寺に入山した。橋本凝胤師の薫陶を受けながら、龍谷大学の仏教学科を卒業し、同大学院修士課程へ進学した。六〇年から出身の地蔵寺の住職も兼務。六七年、二十九歳で執事長に就任した。以後、三十一年間にわたって執事長の職を全うし、全国に写経勧進行脚に出かける好胤師をして「不在住職に代わって、寺の一切を取り仕切ってくれています。私は猿回しの猿で、舞台回しをしているのが執事長です」と言わしめるほど、裏方に徹した。

安田執事長の功績は何といっても、まず好胤管長の発願した金堂復興に向けて般若心経の百万巻写経による金堂復興勧進の発案だ。「ただ資金を集めるだけでなく、人々の心の中に仏心を培ってこそ意義がある」と主張した。しかし師の凝胤師らは「理想論過ぎて無謀」と言い、寺では消極論が大勢だった。ところが好胤管長は、安田さんの提案の断行を決心された。二人は「永遠なるものを求めて永遠に努力する、菩薩精神の尊さ」をモットーに、決然と推進したのだった。そして好胤師の写経の大勧進によって金堂に続き西塔、中門、回廊などがよみがえった。こうして無謀といわれた構想が実現した。安田さんは、五年先のことを念頭に置いて企画していたのだった。

安田さんの功績はそれだけではない。玄奘三蔵の分骨を拝受することにも力を注いだ。薬師寺は法相宗の大本山なのだが、宗祖の慈恩大師は玄奘三蔵法師の弟子にあたる。その三蔵法師の遺骨が、四二年南京郊外で日本軍部隊によって発見された。この遺骨の一部が日本に引き渡され、転々とした後、埼玉県岩槻市の慈恩寺に納められた。七一年、安田さんが信徒総代とともに慈恩寺に参拝し、分骨願いを打診したのだ。これがきっかけになり、全日本仏教会の許可を得て、八〇年にご頂骨の分骨が実現した。そしてこのご頂骨を納めるため、これも写経によって、玄奘三蔵院が建立された。その中央に八角形のお堂があり、正面に好胤師筆による「不東」の言葉が掲げられ、堂の中に仏師の大川逞一さんが彫ったたくましい三蔵法師座像が鎮座。その地下にご頂骨が安置されたのだった。

玄奘三蔵院伽藍の大唐西域壁画殿には、平山郁夫画伯が三蔵法師の求法の旅を描いた壁画が二十世紀末に奉納された。平山さんは無償で提供されたのに応え、安田さんは保存のために幾度となく設計変更を申し出た。「二〇〇二年には玄奘三蔵が生まれて千四百年になりました。薬師寺の一角に三蔵院を建立、ご頂骨を納め平山画伯の壁画によって、偉大な先達の精神を多くの人に広める足がかりができました」。安田さんは日本での仏教普及に大きな貢献をした玄奘を始祖と崇めて顕彰事業を展開する必要性を説く。

まごころ説法引き継ぐ

〇二年二月、東京・日本橋の三越劇場での安田さんの「まごころ説法」を聞いた。この催しは、八五年一月から好胤師が月に一回の形式で始めたが、現在は主として安田さんが引き継ぎ、二百六回を数えている。安田さんもすでに約六十回になるそうで、この日のテーマは「玄奘三蔵と薬師寺」だった。約三百人の聴講者には、行きずりに足を止めて聴く人もいるという。特定の檀家がない薬師寺にとって、このデパートでの辻説法は写経と並んで、仏心の種蒔きになっている。

「三蔵法師の名前は孫悟空が活躍する『西遊記』で知られていますが、玄奘の史実と功績はあまり伝わっていません。それどころか実在していた人なのか、夏目雅子さんのテレビ番組もあって女性なのか、といった声すら聞かれます」と、分かりやすい口調で語りかけた。「玄奘は国禁を犯して中国の長安から異民族との言葉の不自由さを乗り越えてインドの天竺まで百十もの国々を巡ったが、帰国までの道のりは約三万キロ、十七年の歳月もかかりました。帰国後は『大唐西域記』を口述筆記させ、般若心経など千三百三十五巻もの経典を訳しました」と、ビデオなどを使って解説した。

安田さんはまごころ説法のほか、薬師寺本山と東京別院や大阪、名古屋、岐阜でも定期法話をこなす。一方で、なら・シルク財団からの働きかけもあり、国際シンポの企画委員になっていただき、記念講演も引き受けられた。私の紹介で朝日カルチャーセンターの大阪や岡山で講演をしていただいたこともあった。高齢社会を見越して心の持ち方と健康について、適度な運動と腹八分の食事、喜びと感謝の気持ちが大切と強調する。「人生百二十歳」を主張し、こんな話をされた。

人生は三十歳までが春。なんでも吸収できる。三十歳から六十歳までが夏。成熟して働き盛りのとき。そして六十歳から九十歳までが秋。人生での実りのとき。ここで収穫を得るために春や夏の手入れがある。文化人や経済人でも七十歳代でいい仕事をしている人が多い。九十歳を過ぎたら冬。「今あるのは世間様や子、孫、天地自然のおかげ。おおきに、おおきに」と、感謝だけしていればいい。年齢をとることは、それなりに経験を重ねることですばらしい。

安田さんは、薬師寺での要職をこなす一方、日中韓国際仏教交流協議会の副理事長を引き受け、世界宗教者平和会議（本部・ニューヨーク）の日本支部で非武装・和解委員会の委員長としても活躍している。九九年にはヨルダンのアンマンで開かれた世界大会に出席した。これより先六三年には二カ月間、宗教者平和使節団団員として凝胤師に随行しローマ法王に謁見、ヨーロッパ各地の宗教者たちと懇談する経験を積んだ。「宗教者は今こそ、政治家とは違った立場で平和活動に取り組む必要があります」と訴える。

講堂落慶では大導師へ

日本でオリンピックが開催された六四年、名古屋大学学術調査隊員として四カ月間アフガニスタンを踏査している。この時は、玄奘三蔵も仰ぎ見たバーミヤンの大石仏をつぶさに調査し、馬に乗ってヒンズクシュ山脈を越えるなど貴重な体験を重ねた。そのバーミヤンの大石仏はタリバーンによって破壊され、さらにアメリカでのテロの報復でまたしても戦火にまみれた。

「二十世紀は前半軍事、後半経済での争いの時代だった。二十一世紀は与え合う心の時代にしなければならないと思う」と語っていた安田さん。「アフガンやパレスチナの紛争は、宗教の争いが原因のように言われています。でもいかなる宗教も平和を願い、人を殺す思想はありません。ただ宗教はその国の長い民族の伝統と習慣の中に溶け込んでいますので、宗教を無視しては深い真の交流はできません。中国人でありながらインドで発祥した仏教を伝え、異文化交流を実践した玄奘の先見性に学ぶべきです」と強調する。

美術雑誌の『芸術新潮』が九七年十一月号で、「薬師寺は生きている」と題した特集を組んだ。まさに言い得て妙のタイトルで、薬師寺は金堂に続き、西塔、講堂の復興で次第に創建時の姿を現しつつある。安田さんは、なおも食堂《じきどう》、僧房、鐘楼、経蔵、回廊なども整備し、まさに白鳳の七堂伽藍再興の夢を描いている。

さらにハード面だけでなくソフト面の充実も念頭に置く。薬師寺が創建された時代は、隋末から唐代にかけてで、舒明天皇の七〜九世紀末まで続いた遣唐使を通じ、日中間には綿密な交流があった。当時、遣唐使とともに唐に渡り、玄奘から直接に法相の教理を学んで帰国した僧侶が道昭で、法相宗の唯識教学を伝え、学問の寺として発展した。そうした歴史の人脈を培うため、宿坊を備えた研修道場を造り、心の世紀へ精神修養の場にしたいとの意向だ。

〇三年三月、凝胤師、好胤師は見ることなく逝った大講堂の落慶法要が営まれる。その大導師は安田さんが勤めることになっている。写経で実現する大事業を支えてきた安田さんの使命と役割は、伽藍再興にとどまらない。

平山郁夫

世界を舞台に「文化大使」

執念で描いた西域壁画

平山郁夫画伯は二〇〇二年三月、三笠宮崇仁親王殿下を薬師寺・玄奘三蔵院にお迎えした。約三十年の歳月をかけて描いた大唐西域壁画をご案内するためだった。平山さんにとってライフワークともいえた壁画は、玄奘三蔵求法の旅の七つの場面を、十三面にわたって描いた延長四十九メートルの超大作。二〇〇〇年大晦日に最後の一筆が入れられ、二十一世紀を期して一般公開された。一年間で約百十万人が鑑賞に訪れており、殿下にご説明する平山さんも充足感に満ちていた。「三蔵法師の道」は、私が朝日新聞創刊百二十周年プロジェクトとしてほぼ四年間取り組んだテーマであり、平山さんに何度も相談し、ご指導を受けた。内外二千二百人以上の名刺が残った私の「夢しごと」にとって、平山さんの存在がひときわ大きかった。

平山さんといえば日本画壇の重鎮であるばかりか、ユネスコ親善大使として国際的な活躍をしていた。九三年十一月、私が大阪企画部次長に転任後、㈶なら・シルクロード博記念国際交流財団（略称、なら・シルク博財団）と共催したアンコールワットの保存救済のシンポジウムで、平山さんに記念講演をしていただいた。その中で「人類の文化遺産を救い、カンボジアの人びとの、自らの歴史と文化への誇りを呼び覚ますことです」と語りかけた。この時は名刺を交換するにとどまった。翌九四年には大阪で「一画家の国際貢献」と題し、国境や民族を越えて傷んだ文化財の赤十字構想を訴えられた。私にとっては遠い存在ながら、画家にとどまらない言動に敬意を深めた。

平山さんとお話できる接点は九五年になった。全国十六会場を巡回した「日本の美を訪ねて 平山郁夫展」（朝日新聞社など主催）のうち、大阪本社管内が高知はじめ大阪、高松、岡山、広島、神戸の六都市に及んだ。私は企画部の担当デスクとして各会場に出向いた。大阪・阿倍野の近鉄アート館で三月、開館時に囲む会が開かれ、平山さんが姿を見せられた。

本来の日本の美は自然

この日会場には、顔がそっくりの兄の吉雄さんも見えていて、私はうっかり間違って挨拶してしまった。囲む会には、平山さんの中学時代の同窓生十四人が集まったが、うち六人が阪神・淡路大震災の被災者だった。親類の家などに避難生活をしていて、お互いに無事を喜び合っていた。平山さんは広島県竹原市の県立忠海中学校で約二年過ごしており、同窓生らは展覧会開催の度に集まっては、作品を鑑賞し、故郷や学生の時の話が弾む。しかし、この時は震災

薬師寺の玄奘三蔵院に完成した大唐西域壁画の前で
平山郁夫・美知子夫妻（2000年、安田順恵さん撮影）

直後だけに、被害のことで持ち切りだった。

挨拶し直した私に、平山さんは「神戸は埋め立てなどで人工の開発を進め過ぎたため、自然とのバランスを崩しています」と話し、今回の展覧会に寄せて「本来の日本の美は自然にあります」と語られた。私は取材記者ではなかったが、このにわか同窓会の模様を原稿にすると、夕刊コラム「人きのうきょう」に掲載された。私はこの時、平山さんがその後の私の仕事に大きな影響力を及ぼすことになろうとは思いもかけなかった。

九五年も、南京城修復協力事業の「心に描く南京城　平山郁夫展」（朝日新聞社など主催）が、大阪と広島、高松の各市を巡回し、デスクを担当した。平山さんの作品を見ていただく一方、これも文化財赤十字構想の一環で、会場内に募金箱を置いて協力を呼びかけた。私は平山芸術に触れながら、人間としての歩みも知ることになった。広島出身の平山さんは、学生勤労動員中の中学三年生の時に陸軍兵器補給廠で被爆していたのだ。放射能障害を患うが、これがきっかけで、平和を祈る絵を描きたいと思うようになったそうだ。

駆け出し記者時代を広島支局で過ごした私は、戦後四半世紀を過ぎても後遺症に苦しむ被爆者を取材し、その後の新聞記者の原点として、反戦平和を心に刻んだ。そして戦後五十年の節目の年に「ヒロシマ　二十一世紀へのメッセージ」展（朝日新聞社など主催）を企画した。熊本県立美術館に、平山さんの傑作「広島生変図」（広島県立美術館所蔵）を特別出品していただいた。画面全体が赤い炎に包まれている。瓦礫と化した広島の街並みに原爆ドームがシルエットのように、そして天空高く不動明王が浮かぶ構図。平山さん四十九歳の作だ。創作の意図を以下のように語っている。「あの炎に焼きつくされず生き残ったもの、それを描かねばならない。（中略）そう、広島は死ななかったのだ。いや、再生したのだ。（中略）炎の中で生きる不死のシンボルとして私が描くことにしたのは不動明王でした」。

九七年七月、私は鎌倉の平山邸を訪ねた。九九年の創刊記念の「三蔵法師の道」の企画推進のための協力要請だった。すでに展覧会、学術調査、国際シンポジウムの三本柱のプロジェクトは社からゴーサインが出ていた。平山さんには展覧会の総監修を、調査では顧問を、シンポでも基調講演をと、勝手な青写真を描いていた。三蔵法師をテーマに、平山さんは薬師寺の大壁画を製作中だったこともあって、「大いにやりなさい。全面的に応援します」と激励された。

平山さんと玄奘三蔵には運命的ともいえる人生ドラマがあったのだ。その経緯は九九年のシンポで、「三蔵法師　求法の旅」と題して話された。被爆体験に始まり、「平和を祈る絵を描きたい」と願うようになったこと、そして玄奘三蔵の求法の旅をイメージした「仏教伝来」を描き、院展に発表したことを。このころ、体が不調のため寝床で『朝日新聞』を見ていたら、美術評論家の河北倫明氏の院展評が出ていた。そこで評価されており「バネ仕掛けのように跳び起きました」と、エピソードを紹介された。

出世作となった「仏教伝来」は、十七年にわたるインドへの求法の旅に出た唐僧・玄奘の命がけの姿を描いたが、平山さんにとって画家としての長い旅の出発点となった。その後、不思議なほど元気がわき、創作意欲につながったという。いわば玄奘が「命の恩人」と言い切った。そして薬師寺の壁画を描くために可能な限り、玄奘の通った跡を追体験すると言い、「玄奘が歩かれたのが十七年、お経を翻訳したのが二十年、私は同じような時間をかけて追い続けています」と語った。平山さんの「仏教伝来」はまさに精神世界を絵画にしたといえよう。

深奥に秘める歴史描く

平山さんの画業の特性について、前章で取り上げた国文学者の中西進さんは、エッセーの中で「今日の風景がその深奥に秘めている遠い歴史を、みごとに描き出す点にある」として、次のような文章を寄せている。

氏はオリエントの建物や人物、風物をしばしば材料とする。そこに描かれているものはたしかに現在のものなのだが、むしろ、深々とたたえられた過去が主題だといえる。氏の画が往々にして幻想的に見えるのは、この異なった時間の響きあいが、現在でも過去でもない時間を作り出すからである。深くわれわれの歴史の彼方に、魂とかかわりあうものとして、氏のオリエントが存在する。

私の「三蔵法師の道」も難行苦行だった。「西遊記のシルクロード　三蔵法師の道」展では、国内からの約八十点のほか、中国とインドから約百点、イギリス、フランス、ドイツからも合わせて約三十数点の借用を予定していた。ところが出品依頼したフランスのギメ国立東洋美術館から断りのファクスが届いたのだ。ギメでは、三蔵法師展開幕の九九年に改装に入り、新装オープンを控え準備に忙しいというのが理由だった。善後策を考えあぐねている時、ジャリュージュ館長が来日中で、友人の平山さんと行動を共にするとの情報が入った。宿泊していた大津のホテルに電話を入れて、平山さんに相談すると、「館長に私の方から頼んでおきましょう」との、ありがたい言葉をいただいた。

私は再び平山邸を訪ね、ジャリュージュ館長への親書を要請した。借用交渉にフランスへ出張するスタッフに親書を持たせたかったからだ。半数だけでも借りられればと思っていたが、申請の十点すべてが借用可能になった。ギメ美術館では九一年に、現存作家としてはただ一人、平山さんの展覧会を開催していただけに、持参した親書が決め手になったのだ。展覧会開幕の二カ月前に、今度は中国の出品辞退が伝えられた。この時も平山さんの顔が真っ先に浮かんだが、あまりにも直前過ぎたため日本での代替品でしのいだ。後日、報告すると「中央と地方の問題など中国の国内事情もあったのでしょう。もっと早い段階なら対応策もあったでしょう」と残念がられた。

平山さんには展覧会図録の巻頭の言葉を執筆していただいたほか、奈良県立美術館での開幕セレモニーの出席、東京都美術館開催前の記者発表会での講話、シンポジウムでの基調講演、学術調査報告書の題字なども引き受けてもらった。それも薬師寺の壁画制作や国際親善活動など多忙を極めていた時期だった。鎌倉への直参も六、七回を数えた。いつも穏やかな表情で迎え、その都度、こちらが恐縮するほど多くの助言をいただいた。さらに一連のプロジェクトを終え、前著『夢しごと　三蔵法師を伝えて』を出版した際には、「月光流砂―らくだ行―」の未発表作品を表紙に使用させていただいた。

この間、九八年に画業五十年展（読売新聞社など主催）、翌九九年に文化勲章受賞記念展（朝日新聞社など主催、受賞は九八年度）、さらに二〇〇〇年には古希を祝う会などの慶事が重なったが、いずれもパーティーに出席して、祝意を伝えることができた。そして世紀末の十二月、念願の壁画が薬師寺に納められた。一般公開に先立つ記者発表会で、「被爆者ですから、元気でいられるかが心配でした」の言葉に胸が詰まった。平山さんは完成した壁画を最初に眺めた時は感無量で、玄奘三蔵の訳した般若心経の色即是空の「空」の境地を味わったそうだ。

百回超すシルクロード行

高さ二メートル二十センチ、長さ四十九メートルの壁画には、三蔵法師が旅した長安から天竺までの風景が鮮やかに描かれ、壁画殿の二百四十八枚の天井画にも彩色が施されている。最初の場面「明けゆく長安大雁塔」と、最後の場面「ナーランダの月」がまず仕上がった。後は明暗のバランスなどを見ながら何度も何度も色を重ねたとか。海外や宿泊で出向かない限り、必ず毎夜、アトリエで筆を握った。本尊と位置づける「西方浄土須弥山《しゅみせん》」をはさんで、右に「高昌故城」、左に「バーミアン石窟」を、さらに両側を「嘉峪関を行く」「デカン高原の夕べ」を配する。最後の「ナーランダの月」に、ほのかに一人の僧が描かれているが、玄奘三蔵と故高田好胤管長を重ねて投影したという。

「まず玄奘さんに捧げる」との意図から、完成まで誰にも見せないことを基本にした。不遜にも私は、平山邸で一度「見せていただけないでしょうか」と愚問を投げかけたことがあった。完成記者会見で「無念なのは、壁画の奉納は亡くなった高田好胤管長との約束だけに、生前見ていただけなかったことです」。振り返れば百回を超すシルクロードへの取材行はじめ、四千枚にのぼる下絵のスケッチ、筆や絵の具や画材代など大変な出費だったろうと予想される。平山さんは、画家としての自分を生かしてくれた「仏教伝来」との出合いのお返しとして、一切無償で奉納された。薬師寺では今後、絵身《えしん》舎利としてお祀りする。

記者会見の後、平山さんご夫妻と歓談する機会が得られた。「唐招提寺に東山魁夷さんの障壁画があり、唐の僧・鑑真が日本に渡るまでを描いている。今回の私の壁画で仏教伝来の道が完成したということです。画家冥利に尽きますが、アトリエも私の心にもポッカリ穴が空いた感じがぬぐえません」と平山さん。そばで奥さんの美知子さんは「平山はああ見えても激しいところがあるのですよ。昔、口で負けたら、モノサシを持ってきて、机にたたきつけて応戦したこともあったんですよ。でもあんなに好きだったお酒も、絵のためにやめる、と実行しました。ともかく意志の強い人です。完成までこぎつけられたのは、玄奘さまがお導きをして下さったように思えます」と、淡々と語っていた。若いころ共稼ぎをし、家計簿をつけて、やりくりした美知子さんが支えたからこそ、今日の画伯が存在するのだと思った。

壁画起点に喜多郎公演

歓談の席に、作曲家でシンセサイザー奏者の喜多郎さんも加わった。私は初対面ながら、思わず「平山先生の壁画の前で奉納コンサートができればいいですね」と、口をついた。〇一年二月、喜多郎さんが米グラミー賞を獲得したことを伝える夕刊紙面を見ていた時、薬師寺の安田暎胤副住職から「喜多郎さんからぜひ奉納公演をしたいといってきました」との電話が入った。後日、喜多郎さんは「平山先生の壁画を見た瞬間、やらねばならないと宿命的な感じが湧いてきました。八〇年の『シルクロード』で世に出た私の音楽人生にとって、西域の旅は大きな意味を持っている」と語った。

〇一年八月三十日から三夜連続、玄奘三蔵院の礼門《らいもん》を舞台に幻想的なコンサートが実現した。私も最終日に聞かせていただいたが、シンセサイザーの残響にうっとりした。最後に絵殿の扉が開けられ、外から平山さんの壁画を見ることができた。喜多郎さんは公演後に感想をもらした。「精神的なよりどころとなっている空間での演奏で、不思議と心が落ち着き、自分とも向き合えた」。喜多郎さんは、〇三年九月から日中国交正常化三十周年を記念して、平和への祈りをこめた音楽奉納ツアーを実施する。できればアフガニスタンからローマにいたるシルクロードでの演奏を続けたい意向だ。平山さんのメッセージが新たな息吹となる。

アフガニスタンといえば、平山さんが最も頭を悩ませている問題だ。玄奘三蔵も仰ぎ見て『大唐西域記』に記していたバーミヤンの大石仏は〇一年、タリバーンに破壊され、今はない。

平山さんは二度訪れ、この石仏を描いており、九八年に「平山郁夫のメッセージ展」（朝日新聞社など主催）を開催し、救済運動を呼びかけている。アメリカの報復戦争で様相は一変した。「アフガニスタンは文明の十字路で、仏教東漸《とうぜん》の拠点です。日本が復興のイニシアティブを取る視点と気概を持つべきです。大仏は作り直さず、現状で保存すればいい。ヒロシマの原爆ドームのようにモニュメントとして遺してほしい」との主張だ。

〇二年一月末、東京芸術大学の学長室に平山さんを訪ねた。平山さんは前年末から、再び学長に就いていた。すでに八九年から六年間務めていたが、大学法人化の動きを受け豊富な経験と社会的な発言力を期待されての再登板だった。六十を超す公職のうち九〇パーセントを辞め、学長を引き受けた。「国際社会の中で、日本文化を創造する芸大の役割は大きくなっています。でも私はショートリリーフですよ。後任が出てくれれば一日も早くバトンを渡したい」と言い、「まず『仏の道』、次いで『平成の洛中洛外図』そして『世界の文化遺産』を描きたい。これからは画家に徹したい」と、これからの夢を描いた。

あとがき

本書を脱稿した後の二〇〇二年三月十六日夜、私はウズベキスタンの日本大使公邸にいた。加藤九祚さんに同行して、発掘出土品の展覧会を開催するため、その調査や関係先との協議が目的だった。面識のあった中山恭子大使から、思いがけず公邸での夕食会に招かれたのだ。五月十八日、八十歳の誕生日を迎える加藤さんは、文化財発掘の貢献が評価されテルメズ市から名誉市民の称号が贈られる。中山大使の計らいで、加藤さんを囲んで一足先の祝宴となった。私は「夢をつむぐ」ことの喜びをかみしめながら異国の一夜を過ごした。

この書に取り組む趣旨については、はしがきに書いた通りだが、そもそものきっかけは、前著『夢しごと　三蔵法師を伝えて』の出版社でもある東方出版の今東成人社長と二人だけの打ち上げの酒席だった。その何日か前、漆芸職人の角偉三郎さんが大阪に出向いて来た折り、六年ぶりに懇談した。お土産に私が担当した展覧会「古備前を超えて　森陶岳」の図録を差し上げた。ところが角さんは森さんの陶芸人生に共鳴していて窯元を訪ねたことがあるという。私は一つの山と別の山がつながるように人脈が築かれていくさまをじっくり味わう気がした。道は様々だが、芸術を追求する出会いに感動し、今東社長にその話を伝えたのが始まりだった。

その夜、私がしごとを通じ出会った印象に残る人たちの名前をメモ書きしてみた。新藤兼人監督や平山郁夫画伯らの有名人をはじめ、山折哲雄さんや中西進さんらの学者、新聞記者時代に知った寒川利朗さんや永井伸和さん……。その数は約五十人にも及んだ。職種は多くの異った分野にわたり、まるで「人間曼荼羅」の世界のように思えた。平々凡々に生きてきた私だが、こうした人たちに多くの示唆を与えられてきたことを痛感した。それぞれに思い出は走馬灯のように浮かぶが、紙数の都合もあり、目次のように五章だてで二十人にしぼった。

とはいえ本業をかかえて執筆はままならなかった。休日には資料探しをし、改めて取材をした。ここ十年は電子手帳が役に立ち、個別に時系列で交流の経緯が引き出せた。書き終えるまで十カ月かかった。本書に登場させていただくために、ご了解を得ようと久々にお会いした人もあった。その後の人生の歩みに新たな示唆を得ようと。故人となった人には遺族や関係者にも接した。いずれも喜んで協力を得られたことが、大いに励ましとなった。

執筆にあたっては、自分との接点に力点を置いた。そして自分の視点で書くように努めた。このため第一線で活躍されている人にとっては、数々の業績紹介ではなく、一断面をとらえているのに過ぎないかもしれない。限られた人を限られた時間、限られた紙数で一冊の本にしたため、多くの人を割愛せざるをえなかったが、次の三氏も印象に残る人たちだ。

今村実さんは、地方にいてこよなく文学を愛し、志半ばで逝ってしまわれた。私が朝日新聞鳥取支局長時代に出会った人で倉吉市在住だった。在任中は何度も居酒屋で飲み、ご自宅に押しかけたこともあった。私が離任後も、度々お便りをいただき、文芸個人雑誌『菩提樹』（富士書店出版企画室刊）を贈っていただいた。中編や長編の小説に加え「宗教は何を救済するのか」といった宗教論まで掲載してあった。天才芸術家の悲劇的生涯を推理小説的手法で描いた『辰の字のある木地師』（新人物往来社刊）など名文を遺し、趣味は書くことだけといっても過言ではなかった。晩年の入院中も書き続けた未完は、死後『死出の旅路』（富士書店出版企画室刊）として発表されている。

辻和雲さんは、私が大阪企画部に転任してからの交際で約八年に及ぶ。中学校教師になるや「黒板に美しい字を」と始めた書が、四十三歳で書家に転身。書道教室を開き毛筆と硬筆を教えてきたが、約二十年前から、筆では表現できない何かを求め、指を使ってみたのが「ゆび書」の開拓に。試行錯誤して爪や指の関節まで使い、細い線も太い線も、豊かな曲線も自由自在。「指こそ生命の脈拍を伝える生きた筆」という辻さん。私が担当した展覧会のタイトル字や図録の表紙にも味わい深いゆび書をお願いした。中でも「三蔵法師の道」の六文字には起伏のある苦しい道のりが表現された。元小学校教師で教育問題の執筆や講演活動を続けている妻の歌子さんの理解と支援が大きい。

もう一人、空中で出会った夢に生きる黒木安馬さんのことも紹介しておきたい。日本航空の国際線客室乗務員をしていた黒木さんと一九九七年、北京からの機中でふとしたきっかけで話し合い、意気投合した。ジャンボ機上で北島三郎さんらのコンサートを実現させるなど夢追人だった。帰国後、『面白くなくちゃ人生じゃない！』（ＫＫロングセラーズ刊）や『出過ぎる杭は打ちにくい』（ワニブックス刊）といった著書が届けられた。その後も文通を重ね、私の担当した「西遊記のシルクロード　三蔵法師の道」展に来場、前著の出版パーティーにも顔を出していただいた。その彼が人生設計図どおり退職し、二〇〇二年三月末、日本成功学会を設立した。全国から同志の会員を募り、書籍出版をはじめ講演での講師派遣、合宿研修、イベント企画など幅広い事業を展開していくという。「有限人生だからこそ自らの意思で人生を充実させよう」と呼びかける。

私が夢をつむいできた人は、本書に取り上げた二十人や、あとがきで触れた三氏以外にも数多くいる。映画百年にちなんで催した「朝日シネマの旅」で接することができ、その後も講演依頼で同行した山田洋次監督や作家の藤本義一さん、シンポジウムの仕事でも考古学者の樋口隆康さんや歴史学者の長澤和俊さん、評論家の山崎正和さんや河内厚郎さん、音楽家の団伊玖磨さん、さらには展覧会の仕事を通じて知り合った版画家の浜田知明さん、彫刻家の飯田善国さん、アーティストの川俣正さん、建築家の安藤忠雄さん、指揮者の岩城宏之さんや小松長生さん、演奏家の喜多郎さんやツトムヤマシタさん、美学者の寺尾勇さん、作家の千代芳子さんや故井上雪さんらの名も、挙げておきたい。

序文を寄せていただいた作家の立松和平さんとは初対面の時から打ち解け、ふろ場で背中を流し合った思い出もある。「よき人と会う」との過分な文章にも、「人生はよき人と会わなければつまらない」と書かれている。逆説的に言うならば、人生の喜びはよき人との出会いなのだろう。私は幸せ者である。本書で取り上げた人に老人が多い。今年、九十六歳の遠山正瑛さん、九十歳の新藤兼人さん、八十歳の加藤九祚さんらだ。私も長生きして、まだまだ多くのよき人に出会いたいと思う。

最後に、この書も前著同様、友人で朝日新聞大阪本社校閲部長の中山剛さんに助言と校正をしていただいた。このため本文の仮名遣いは『朝日新聞の用語の手引』にもとづいた。ただし砂漠については、遠山さんの説で、例外的に「沙漠」と表記した。また再び私に執筆を勧め励ましていただいた今東成人社長にも、心から感謝申し上げたい。

白鳥　正夫

二〇〇二年初夏

1982年　高雄曼荼羅復元完成
1984年　映画『乱』に使用の阿弥陀如来を制作
1995年　安達原玄・仏画美術館を開設

安田　暎胤（やすだ　えいいん）
1938年　岐阜県岐阜市生まれ
1950年　法相宗大本山薬師寺に入山
1962年　龍谷大学大学院修士課程修了
1964年　名古屋大学学術調査隊員でアフガニスタンへ
1967年　薬師寺執事長に就任（～98年）
1998年　薬師寺副住職に就任

平山　郁夫（ひらやま　いくお）
1930年　広島県豊田郡瀬戸田町生まれ
1952年　東京美術学校（現・東京芸術大学）日本画科卒業
1988年　ユネスコ親善大使に任命される
1989年　東京芸術大学学長（～95年）
2000年　薬師寺玄奘三蔵院に大唐西域壁画を完成
2001年　再び東京芸術大学学長

中西　進（なかにし　すすむ）

1929年　東京都杉並区生まれ

1959年　東京大学大学院博士人文科学終了

1987年　国際日本文化研究センター教授

1991年　姫路文学館長

1997年　大阪女子大学学長。大佛次郎賞。日本学術会議会員

2001年　帝塚山学院長・理事長

遠山　正瑛（とおやま　せいえい）

1906年　山梨県富士吉田市生まれ

1931年　京都大学農学部に入学し、菊池秋雄教授に師事

1946年　鳥取大学農学部教授に就任（～72年）

1984年　鳥取砂丘に沙漠研究所を設立

　　　　中国沙漠開発日本協力隊を編成し隊長に

1991年　日本沙漠緑化実践協会を設立し会長に

加藤　九祚（かとう　きゅうぞう）

1922年　韓国慶尚北道生まれ

1945年　陸軍少尉、シベリア抑留（～50年）

1953年　上智大学文学部卒業。平凡社入社

1975年　国立民族学博物館教授

1988年　創価大学教授（～98年）

1989年　中央アジアで仏跡発掘調査開始

山折　哲雄（やまおり　てつお）

1931年　サンフランシスコ生まれ

1954年　東北大学文学部印度哲学科卒業

1982年　国立歴史民俗博物館教授

1977年　国際日本文化研究センター教授（～97年）

2001年　国際日本文化研究センター所長

2002年　和辻哲郎文化賞を受賞

安達原　玄（あだちばら　げん）

1929年　山梨県山梨市生まれ

1979年　川崎市で初の仏教美術曼荼羅展

1981年　平和を祈り大日如来を描き広島市に寄贈

1979年　大阪市立美術館へ大阪百景を寄贈
1996年　「天神祭船渡御乗船」が上方資料館緞帳に
1998年　死去（享年94）

久保田　東作（くぼた　とうさく）
1918年　大阪府大阪市生まれ
1937年　日本海軍の上海陸戦隊に現地採用、その後陸軍へ
1953年　就・留学生助けあいの会を結成、主宰
1972年　アジア・アフリカミュージカルチームを結成
1995年　阪神・淡路大震災で被災した就・留学生の救援
2001年　「アジアに伝わる　民衆の音と舞」を開催

寒川　利朗（そうがわ　としろう）
1930年　和歌山県日高郡竜神村生まれ
1948年　日本大学通信教育部入学、竜神小学校助教諭に
1968年　龍神村手をつなぐ親の会結成
1972年　森永ミルク中毒のこどもを守る会結成、事務局長に
1974年　ひかり協会に入り業務部長に就任
1997年　死去（享年67）

永井　伸和（ながい　のぶかず）
1942年　鳥取県境港市生まれ
1966年　早稲田大学商学部卒業
1990年　米子今井書店代表社員社長
1991年　サントリー地域文化賞を受賞
1995年　創業120周年記念で米子市に「本の学校」を設立
2002年　鳥取で開催の国民文化祭の企画委員長を努める

中野　美代子（なかの　みよこ）
1933年　北海道札幌市生まれ
1956年　北海道大学文学部中国文学科卒業
1980年　『孫悟空の誕生』で芸術選奨文部大臣新人賞
1981年　北海道大学教授
1996年　北海道大学定年退官、同大学名誉教授
1998年　岩波文庫『西遊記』10巻目完訳（１～３巻目小野忍訳）

森　陶岳（もり　とうがく）

1937年　岡山県和気郡伊部町生まれ
1959年　岡山大学教育学部特設美術科を卒業
1962年　教職を退き、備前町伊部の生家で作陶に入る
1983年　牛窓町寒風に全長53メートルの大窯が完成
1998年　90メートルの大窯の築窯の準備に入る
2002年　2001年度日本陶磁協会賞金賞を受賞

角　偉三郎（かど　いさぶろう）

1940年　石川県輪島市生まれ
1955年　沈金師・橋本哲四郎に入門
1962年　第一回日本現代工芸美術展に『眼』で入選
1964年　日展に『晩鐘』を出品し初入選
1983年　公募展から退き、独自の境地を開く
1996年　ドイツで日本の現代ぬりもの12人展巡回

宮脇　綾子（みやわき　あやこ）

1905年　東京都北区田端生まれ
1927年　名古屋市在住の洋画家宮脇晴と結婚
1945年　創作アプリケを始める
1960年　「アップリケ綾の会」を結成し主宰
1991年　ワシントン女性芸術美術館で展覧会
1995年　死去（享年90）

蔡　國強（ツァイ　グオチャン）

1957年　中国福建省泉州市生まれ
1985年　上海演劇大学美術学部卒業
1989年　筑波大学総合造形研究生
1993年　中国で「万里の長城を延長するプロジェクト」
1999年　第48回ヴェネチア・ビエンナーレで国際金獅子賞
2001年　中国でAPEC記念イベント「芸術焔火晩会」を監督

野村　廣太郎（のむら　ひろたろう）

1904年　大阪府大阪市生まれ
1924年　大阪信濃町洋画研究所に入学
1956年　新日本セイハンの創立社長に就任

登場者プロフィール（掲載順）

新藤　兼人（しんどう　かねと）
1912年　広島県広島市生まれ
1950年　近代映画協会を創立
1951年　『愛妻物語』で監督になる
1960年　『裸の島』でモスクワ国際映画祭グランプリ
1996年　『午後の遺言状』で日本アカデミー賞の各賞
1997年　日本シナリオ作家協会理事長

姜　小青（ジャン　シャオチン）
中国北京生まれ
15歳で中国少年民族楽器独奏コンクールで第１位
1986年　中国政府派遣芸術団の客員としてアメリカ公演
　　　　映画『ラストエンペラー』で坂本龍一らの音楽に参加
1997年　「三蔵法師の道」プロジェクトの音楽を担当
2001年　吉野魅惑体験フェスティバルの総合プロデューサー

緑川　洋一（みどりかわ　よういち）
1915年　岡山県邑久郡生まれ
1936年　日本大学歯科医学校を卒業、総合病院に勤務
1947年　植田正治とともに写真家集団「銀龍社」に参加
1992年　岡山市西大寺に緑川洋一写真美術館開館
2001年　５会場で光の交響詩　緑川洋一の世界
2001年　死去（享年86）

三田　薫子（みた　かおるこ）
1944年　石川県美川町生まれ
1982年　北陸中日新聞に『泥の歌』連載（～83年）
1986年　『女の手取川』三部作刊行
1990年　「我がまち水辺の未来の夢」建設大臣賞を受賞
　　　　「夢ロード21」建設大臣賞を受賞
1996年　北国新聞社の月刊誌『アクタス』に『秋の扇』連載（～97年）

白鳥 正夫（しらとり まさお）

1944年　愛媛県新居浜市生まれ
1968年　中央大学法学部卒
1968年　日刊工業新聞社編集局入社
1970年　朝日新聞社編集局入社
　　　　広島、和歌山支局を経て大阪本社整理部
1989年　鳥取支局長
1991年　金沢支局長
1993年　大阪企画部次長
1996年　企画委員
編著書　『夢しごと　三蔵法師を伝えて』（東方出版）
　　　　『日本海の夕陽』（東方出版）
　　　　『鳥取砂丘』（富士出版）『鳥取建築ノート』（富士出版）
　　　　『山本容子の美術遊園地』（朝日新聞社）
　　　　『ヒロシマ　21世紀へのメッセージ』（朝日新聞社）
　　　　『三蔵法師の道』（朝日新聞社）ほか

夢をつむぐ人々

2002年7月5日　初版第1刷発行

著　者――白鳥正夫

発行者――今東成人

発行所――東方出版㈱
〒543-0052　大阪市天王寺区大道1-8-15
安田生命天王寺ビル
☎06-6779-9571　Fax. 06-6779-9573

印刷所――日本データネット㈱

ISBN 4-88591-783-2　落丁・乱丁はおとりかえいたします。

玄奘三蔵のシルクロード　インド編　安田瑛胤　1800円

玄奘三蔵のシルクロード　中国編・中央アジア編・ガンダーラ編　安田瑛胤　各1600円

平等院鳳凰堂　よみがえる平安の色彩美　平等院編／神居文彰　1200円

缶詰ラベル博物館　日本缶詰協会監修　1200円

死と葬　小林宏史写真集　800円

中国黄土高原　砂漠化する大地と人びと　橋本紘二　6000円

無所有　法頂／金順姫訳　1600円

大山讃歌　山田敏和写真集　1500円

＊表示の値段は消費税を含まない本体価格です。